Wie User Experience in der Praxis wirklich funktioniert

W0388983

ISBN: 9781976859755

simplease

INHALTSVERZEICHNIS

EINLEITUNG

Warum wir dieses Buch geschrieben haben

Wir leben in einer Welt, die von Tag zu Tag komplexer wird. Diese offensichtliche Entwicklung hat zur Folge, dass Einfachheit, Klarheit und Verständlichkeit auch von Tag zu Tag wichtiger werden.

Gleichzeitig führt die steigende Komplexität in unserer Welt zu immer größeren Problemen, und die logische Folge daraus lautet, dass es immer schwieriger wird, einfache, klare und verständliche Lösungen für diese Probleme zu entwickeln. Und genau dafür brauchen wir User Experience (UX), weil es zu einem ganzheitlichen Verständnis führt, welches notwendig ist, um unser Leben in einer ständig komplexer werdenden Welt in den Griff zu bekommen.

Die Wahrheit ist, dass User Experience ein extrem komplexes und mitunter verwirrendes Thema ist. Der einfache Grund dafür ist, dass UX kein einzelnes Fachgebiet darstellt, wie dies zum Beispiel bei Grafik-Design, Software-Entwicklung, Interface-Design, Video und Animation, Marketing, Sales und so weiter der Fall ist. UX ist kein weiterer Einzelteil – es ist vielmehr der Kleber, der die einzelnen Teile zusammenhält, um daraus ein sinnvolles Ganzes zu formen. Ein sinnvolles Ganzes, das möglichst einfach, klar und verständlich ist, um das Leben von Menschen wirklich zu verbessern.

Genau deshalb wollten wir ein Buch über User Experience schreiben, weil mittlerweile jeder darüber spricht, viele jedoch wenig bis gar keine praktische Erfahrung damit haben. Klar gibt es Hunderte Bücher, die das Thema theoretisch erklären und auch Best-Practice-Beispiele vorstellen, aber wie UX in der Praxis wirklich funktioniert, konnte bislang niemand zeigen. Nun, wir werden versuchen, das auf den folgenden Seiten nachzuholen.

Und natürlich sind wir uns dessen bewusst, was für ein gewagtes Vorhaben das ist. Wer dieses Buch jedoch zu Ende liest, wird feststellen, wie einfach UX in der Praxis sein kann. So einfach, dass man es in Zukunft tatsächlich selbst anwenden wird.

Für wen dieses Buch ist

Egal was wir machen, bevor wir richtig loslegen, verschaffen wir uns ein Bild davon, für wen wir das eigentlich tun und was diese Menschen davon haben sollen. Dasselbe gilt natürlich auch für dieses Buch.

Also, für wen ist dieses Buch und was sollen diese Menschen davon haben?

- **Designer:** Damit sie sich nicht nur darum kümmern, dass ihre Lösungen richtig gut aussehen, sondern auch darum, dass ihre Lösungen richtig gut funktionieren.

- **Entwickler:** Damit sie verstehen, wie UX dafür sorgen kann, dass ihre Arbeit nicht umsonst ist, weil sie nichts umsetzen, das es nicht wert ist, umgesetzt zu werden.
- **Manager:** Damit sie sehen, welche Rolle UX in der Produktentwicklung spielt, und damit ihr Team das große Ganze ständig vor Augen behält, anstatt sich in Details zu verlieren.
- **Start-ups:** Damit sie ihre Produktideen möglichst schnell testen, validieren und optimieren können – noch bevor sie mit der eigentlichen Umsetzung beginnen.
- **Agenturen und Selbstständige:** Damit sie sehen, wie sich UX verkaufen lässt und welche Methoden in der Praxis wirklich funktionieren.
- **Usability-Experten:** Damit sie einen Eindruck davon bekommen, wie wir ihre Methoden in der Praxis einsetzen, um nützliche und benutzerfreundliche Produkte zu entwickeln.
- **Studenten:** Damit sie verstehen, wie unsere Arbeit in der Praxis aussieht und sie ein besseres Gefühl dafür bekommen, ob sie das genauso interessiert wie uns.
- **Familien und Freunde:** Damit sie endlich wissen, was wir den ganzen Tag so tun.
- **Uns selbst und unsere Mitarbeiter:** Damit wir nicht vergessen, worauf es bei unserer Arbeit wirklich ankommt.

Davon abgesehen, ist dieses Buch natürlich für jeden, der verstehen möchte, wie UX in der Praxis wirklich funktioniert. Das Schöne daran ist, dass User Experience – ob man sich dessen bereits bewusst ist oder nicht – universell anwendbar ist, und daher einem Tischler oder Restaurantbetreiber genauso nützt wie einem Software-Entwickler oder eben einem UX-Designer.

Tatsächlich kann man sagen, dass dieses Buch für jeden Menschen geschrieben wurde, der sich der Aufgabe stellt, etwas Sinnvolles zu machen. Denn genau darum geht es bei User Experience.

Was du in diesem Buch lernst

Wie der Titel bereits verrät, lernst du, wie User Experience in der Praxis wirklich funktioniert. Unser Fokus liegt dabei auf dem Wort wirklich, denn darum geht es uns in erster Linie.

Wir wollten ein Buch schreiben, in dem wir auf einfache, klare und verständliche Weise beschreiben, wie wir unseren UX-Prozess in der Praxis tatsächlich anwenden. Es geht also nicht darum, wie UX funktionieren sollte, und es geht auch nicht darum, irgendwelche Best-Practices zu beschreiben, die zwar wunderschön und sinnvoll klingen, in der Praxis jedoch nicht angewandt werden können, weil sie zu idealistisch konzipiert wurden.

Wenn wir eines über diese Welt gelernt haben, dann, dass sie alles andere als ideal ist – zumindest in der Praxis. Es ist daher extrem schwierig, aufwendig und mitunter deprimierend, theoretische Ansätze in die Praxis zu übernehmen, die diese Tatsache ignorieren. Und deshalb wollten wir in diesem Buch beschreiben, wie UX tatsächlich funktionieren kann, ohne dabei am Unterschied zwischen Theorie und Praxis zu verzweifeln.

Was du nicht in diesem Buch lernst

Wie du bereits am Umfang dieses Buches erkennen kannst, wirst du darin keine minutiösen Beschreibungen einzelner Methoden und Praktiken finden.

Wir sind der Meinung, dass detaillierte Anleitungen und Erklärungen zwar hilfreich sind, es bei User Experience jedoch in erster Linie um eine grundlegende Art zu denken geht, und nicht um die strikte Einhaltung irgendwelcher Regeln und Abläufe.

Außerdem wirst du nicht lernen, wie du Projekte in Bezug auf UX planen und verwalten kannst. Wenn du darüber nachdenkst, wäre das auch wenig nützlich, denn während es zwar sinnvoll ist zu planen, haben Pläne ein gewaltiges Problem – den Unterschied zwischen Theorie und Praxis. Genau dieser Unterschied ist der Grund, warum wir uns in diesem Buch darauf konzentrieren, diese zuvor erwähnte grundlegende Art zu denken zu erklären, anstatt Projekt-Management zu beschreiben.

Wie dieses Buch aufgebaut ist

Dieses Buch ist insgesamt in drei große Teile gegliedert:

In **Teil 1** beschreiben wir die ersten Schritte in unseren UX-Projekten und zeigen, wie wir Probleme identifizieren, und mittels konsequenten Nachfragens verstehen, was das wirkliche Problem ist, wer dieses Problem hat, woher das Problem kommt und ob das Problem es überhaupt wert ist, gelöst zu werden.

In **Teil 2** beschreiben wir, wie wir Probleme (die es wert sind, gelöst zu werden) schrittweise lösen. Dabei erklären wir zuerst, wie UX-Projekte typischerweise starten und stellen schließlich unseren kompletten Design-Prozess vor: angefangen bei der detaillierten Beschreibung des Problems, über die Definition und Erarbeitung der Lösung, bis hin zur schrittweisen Verbesserung dieser Lösung und der Veröffentlichung einer ersten lebensfähigen Version, die schließlich weiterentwickelt und optimiert wird.

In **Teil 3** erzählen wir von unseren praktischen Erfahrungen im Zusammenhang mit der Frage, warum so viele Produkte und Services im Endeffekt scheitern. Und obwohl Fehler zu machen die einzige Möglichkeit ist, etwas Neues zu lernen, stellen wir in diesem Teil auch unsere Vorschläge dafür vor, wie man unerwünschtes Scheitern vermeiden kann.

Zum Abschluss findest du noch eine kurze Vorstellung unseres Unternehmens Simplease, sowie kleine Literaturübersicht.

Also, los geht's!

TEIL 1: FINDE EIN PROBLEM, DAS ES WERT IST, GELÖST ZU WERDEN

„Das Problem zu erkennen, ist wichtiger, als die Lösung zu erkennen, denn die genaue Darstellung des Problems führt zur Lösung."
– Albert Einstein

1. WAS IST DAS PROBLEM?

Ein Problem ist der Unterschied zwischen dem, wie man etwas wahrnimmt und wie man es sich wünscht[1]. Nehmen wir diese einfache Definition des Begriffes „Problem“ auseinander, erhalten wir folgende Teile:

1. Wahrnehmung
2. Wunschvorstellung
3. Unterschied zwischen Wahrnehmung und Wunschvorstellung

Beginnen wir mit dem **Unterschied zwischen Wahrnehmung und Wunschvorstellung**, denn nur wenn es diesen Unterschied überhaupt gibt, sprechen wir von einem Problem. Sollten Wahrnehmung und Wunschvorstellung einmal völlig übereinstimmen, haben wir entweder alle Probleme gelöst oder einfach aufgehört, sie wahrzunehmen. Bis es so weit ist, müssen wir nur auf den Unterschied zwischen Wahrnehmung und Wunschvorstellung achten.

Ganz so einfach ist das natürlich nicht, denn erstens unterscheiden sich die Wahrnehmungen und Wunschvorstellungen eines Menschen oft gewaltig von denen eines anderen, und zweitens ist die Wahrnehmung oft verzerrt und die Wunschvorstellungen sind völlig verblendet (was ein Grund dafür ist, warum Wahrnehmungen und Wunschvorstellungen einzelner Menschen so unterschiedlich sind). Was können wir also tun, um dennoch zur *genauen Darstellung des Problems* zu gelangen, die wir für dessen Lösung brauchen?

Zuerst werfen wir einen Blick auf die **Wunschvorstellungen** aller Beteiligten. In unserem Fall sind das meist Auftraggeber oder Kunden, die uns auf ein Problem aufmerksam machen, indem sie uns von ihren Wunschvorstellungen erzählen. Und das ist wichtig zu verstehen, denn typischerweise kommt niemand auf einen zu und beschreibt direkt das Problem – meist schildern Menschen nur ihre Wunschvorstellungen, ohne dabei bewusst auf ihre Wahrnehmung einzugehen.

Ein Fehler, der zu diesem Zeitpunkt häufig passiert, ist direkt mit der Umsetzung dieser Wunschvorstellungen zu beginnen. Dank unserer Definition eines Problems wissen wir jedoch, dass die Wünsche von Auftraggebern und Kunden nur ein Teil des Problems sind; ein Teil, der für sich alleine so gut wie nie zu einer sinnvollen Lösung führt.

Um zu einer sinnvollen Lösung zu kommen, müssen wir schließlich immer auch die **Wahrnehmung** unseres Gegenübers berücksichtigen. Dieser Punkt ist extrem knifflig und es ist wichtig zu erwähnen, dass so gut wie jeder Mensch unter einer verzerrten Wahrnehmung leidet – wir selbst sind da keine Ausnahme. Sobald jemand damit beginnt, über sich und seine Situation nachzudenken, sich also mit seiner Wahrnehmung befasst, stößt er unweigerlich auf einen blinden Punkt, was dazu führt, völlig irrationale und meist schlechte Entscheidungen zu treffen.

Eine einfache Methode, die eigene Wahrnehmung zu verbessern, ist es, den „Blick von außen“ miteinfließen zu lassen und sozusagen eine zweite Meinung einzuholen. Der zuvor erwähnte blinde Punkt steht nämlich im Zusammenhang mit dem eigenen Ego, welches man selbst so gut wie nie wahrnimmt (völlig egal wie groß oder klein es ist). Außenstehende erkennen dieses Ego jedoch blitzschnell und wenn man sie lässt, können sie einem dabei helfen, die eigene Wahrnehmung zu „entzerren“, oder, in anderen Worten, sie können einem dabei helfen herauszufinden, was wirklich das Problem ist.

2. WAS IST WIRKLICH DAS PROBLEM?

Wenn ein Problem der Unterschied zwischen Wahrnehmung und Wunschvorstellung ist, was ist dann *wirklich* das Problem?

Was nach einer unlogischen Frage klingt, ist tatsächlich die einzige Frage, die uns beschäftigen sollte. Die große Schwierigkeit im Umgang mit dieser Frage ist, dass wir Menschen unter einer völlig verzerrten (Selbst-)Wahrnehmung leiden und unsere Wunschvorstellungen dermaßen verblendet sind, dass jedes Problem, das wir lösen, unweigerlich zu neuen Problemen führt, weil wir eben nicht das *wirkliche* Problem lösen. Und dieser Gedanke ist extrem konfrontierend und führt dazu, dass wir uns für gewöhnlich nicht damit beschäftigen und stattdessen einfach oberflächliche Probleme lösen.

Nun, das wirkliche, zugrunde liegende Problem menschlichen Lebens werden wir in diesem Buch nicht lösen (nicht einmal behandeln), aber dennoch müssen wir ein Bewusstsein für den Unterschied zwischen Problemen und Symptomen (oberflächlichen Problemen) schaffen, da dies die Grundvoraussetzung dafür ist, dass User Experience in der Praxis wirklich funktioniert. Wir müssen nämlich ein Problem finden, das es wert ist, gelöst zu werden, bevor wir unseren UX-Prozess sinnvoll anwenden können.

Am einfachsten erkennt man den Unterschied zwischen einem Problem und einem Symptom, indem man die Beziehung zwischen Ursache und Wirkung miteinbezieht. Bevor man das jedoch tun kann, muss man für gewöhnlich die Wahrnehmung des Gegenübers durch konsequentes Nachfragen offenlegen, um die Unterschiede zu seiner Wunschvorstellung zu identifizieren und dadurch das Problem zu erkennen.

Das kann in der Praxis ungefähr so aussehen:

Auftraggeber: *„Ich habe ein Problem und benötige dafür folgende Lösung von euch."*

Ohne jetzt über das Problem zu sprechen, beginnt der Auftraggeber, seine Ideen zur Lösung des Problems zu beschreiben. Diese Ideen sind jedoch nur eine Wunschvorstellung und beschreiben für sich alleine noch kein Problem. Wir sind also nicht dazu in der Lage, das Problem genau darzustellen, geschweige denn es zu lösen.

Wir: *„Vielen Dank für die ausführliche Beschreibung deiner Wunschvorstellung. Kannst du uns jetzt bitte erklären, was genau das Problem ist, das du damit lösen möchtest?"*

Wir würden so etwas in einer echten Unterhaltung natürlich geschickter formulieren, aber da Auftraggeber und Kunden zu Beginn fast ausschließlich über Lösungsvorschläge (ihre Wunschvorstellung) reden, und so gut wie nie über ihre Wahrnehmung des Problems sprechen, müssen wir unbedingt nachhaken. Nur wenn wir Wunschvorstellung *und* Wahrnehmung verstehen, können wir den Unterschied zwischen beiden, sprich das Problem, verstehen.

Wir machen also weiter und versuchen das Problem zu erkennen, indem wir unsere Auftraggeber und Kunden in etwa Folgendes fragen:

Wir: *„Kannst du dich erinnern, wann du das Problem zuletzt erlebt hast? Beschreibe uns bitte deine Erinnerungen und Wahrnehmungen."*

Sobald wir erfahren, wie sie das Problem wahrnehmen, können wir diese Information ihrer Wunschvorstellung gegenüberstellen und kommen somit sehr schnell zu einem Problem. Und jetzt überprüfen wir, ob dieses Problem bereits ein grundlegendes Problem ist oder nur ein oberflächliches Symptom, indem wir nach der Ursache des Problems suchen.

Unser Vorgehen gleicht dabei der „5-Why-Methode“[2], bei welcher Warum-Fragen gestellt werden, bis die Ursache eines Problems bestimmt werden kann. Nehmen wir also an, wir haben Wahrnehmung und Wunschvorstellung eines Auftraggebers identifiziert und haben begonnen, sein Problem zu verstehen. Was wir jetzt machen, ist ganz einfach so lange nach dem Warum zu fragen, bis wir auf die Ursache des Problems stoßen. Und so lange wir eine Ursache für ein entdecktes Problem finden können, wissen wir, dass es sich dabei nur um ein Symptom eines tieferliegenden Problems handelt.

An dieser Stelle sei jedoch erwähnt, dass es nicht unser Ziel ist, innerhalb eines UX-Projekts zum grundlegendsten aller Probleme vorzustoßen. Meist ist es nämlich so, dass je grundlegender ein Problem wirklich ist, desto schwieriger und aufwendiger auch dessen Lösung sein wird. Unser Ziel lautet deshalb, ein Problem zu finden, das es wert ist, im Rahmen eines Projekts gelöst zu werden. Und dafür müssen wir als Nächstes wissen, wer dieses Problem eigentlich hat.

3. WER HAT DAS PROBLEM?

Es kann sein, dass unser Auftraggeber selbst die Person ist, die das Problem hat. Viel wahrscheinlicher ist es jedoch, dass es die Mitarbeiter – oder noch wahrscheinlicher – die (potentiellen) Kunden und Anwender unseres Auftraggebers sind, die wirklich das Problem haben.

Wer auch immer das Problem hat, es ist notwendig, dass wir mit diesen Menschen sprechen. Sie sind diejenigen, für die wir eine Lösung entwickeln sollen, und dafür müssen wir sie unbedingt verstehen. Deshalb sprechen wir auch mit den Menschen, die tatsächlich das Problem haben, um ihre Wahrnehmungen und Wunschvorstellungen zu identifizieren und dadurch das wirkliche Problem zu verstehen.

Speziell für Designer und Entwickler ist es oft verlockend, diesen Punkt zu überspringen und stattdessen sofort in den Problemlöse-Modus zu schalten. Und so verständlich das auch ist und so sinnvoll es oft scheinen mag (wenn man zum Beispiel über knappe Deadlines nachdenkt), so gefährlich wäre dieser Schritt an dieser Stelle. Es ist deshalb ungemein wichtig, dieses Verhalten frühzeitig zu erkennen, denn in der Praxis scheitern UX-Projekte oft daran, dass man sich nicht lange genug mit dem Problem beschäftigt (weil das relativ unangenehm ist) und stattdessen sofort mit der Umsetzung der Lösung beginnt (weil das vergleichsweise angenehm ist). Die offensichtliche Gefahr dieses Verhaltens ist, ein Problem zu lösen, das in dieser Form gar nicht existiert, weil man nie mit jemandem gesprochen hat, der das Problem tatsächlich hat.

Um herauszufinden, wer genau das (vermeintliche) Problem hat, führen wir deshalb zu Beginn eines UX-Projektes Interviews mit allen Projektbeteiligten. Diese Interviews dauern etwa eine Stunde pro Teilnehmer und können vor Ort oder auch per Telefon durchgeführt werden. Wir fragen in diesen Gesprächen zum Beispiel nach der Rolle unserer Interview-Partner und bitten sie darum, einerseits ihre Wunschvorstellung zu beschreiben, und andererseits ihre Wahrnehmung der Menschen zu schildern, die ihrer Meinung nach das Problem haben. Die Ergebnisse dieser Interviews stellen wir schließlich dem gesamten Projektteam vor. Dadurch erhalten alle Beteiligten eine gemeinsame Vision (Wunschvorstellung) und jeder weiß, wie die Menschen aktuelle wahrgenommen werden, für die eine Lösung entwickelt werden soll.

Diese Beschreibung der Wahrnehmung jener Menschen, für die eine Lösung entwickelt werden soll, kann als Hypothese bezeichnet werden. Erst wenn wir uns direkt mit den Menschen befassen, die dieser Beschreibung entsprechen, können wir herausfinden, ob diese Hypothese wahr oder falsch ist. Und man glaubt gar nicht, wie oft sich erste Hypothesen als falsch herausstellen. Das Schöne daran ist, dass man so gut wie immer auf ein Problem stößt, das es wert ist, gelöst zu werden, wenn man beginnt, mit den Menschen zu sprechen, für die eine Lösung entwickelt werden soll.

Ein Beispiel:

Vor einigen Jahren wurden wir damit beauftragt, die Benutzeroberfläche eines neuen Online-Job-Portals zu gestalten. Unserem Prozess entsprechend haben wir zu Beginn des Projekts Interviews mit allen Beteiligten durchgeführt und sind zum Schluss gekommen, dass es drei unterschiedliche Benutzergruppen gibt, für die das neue Job-Portal ein Problem lösen soll:

- Job-Suchende
- Job-Anbieter
- Recruiting-Agenturen (Vermittler zwischen Job-Suchenden und Job-Anbietern)

Um also herauszufinden, wer genau die Menschen sind, für die das Job-Portal ein Problem lösen soll, haben wir mehr als 20 Interviews mit Personen aus allen drei Benutzergruppen geführt. Das Ergebnis war ernüchternd, denn unabhängig voneinander kamen viele unserer Interview-Partner zum selben Schluss. Nämlich, dass ein weiteres Job-Portal keines ihrer Probleme lösen würde.

Job-Suchende meinten etwa, dass aktuelle Job-Portale bereits gut funktionieren würden, was das Suchen und Finden passender Stellenangebote betrifft. Das war ein derber Rückschlag für das Projekt, denn unser Auftraggeber hatte die Vision, Menschen mit seinem Portal bei der Job-Suche zu unterstützen, und plötzlich stellte sich heraus, dass niemand Probleme damit hatte, eine passenden Job zu finden.

In unseren Gesprächen mit Job-Suchenden, Job-Anbietern und Recruiting-Agenturen konnten wir jedoch noch etwas anderes entdecken: ein Problem, das es wirklich wert sein könnte, gelöst zu werden. Denn obwohl niemand Schwierigkeiten damit hatte, ein passendes Job-Angebot zu finden, so hatten viele Job-Suchende ein Problem damit, sich für freie Stellen zu bewerben. Wie sich herausstellte, passen Job-Suchende ihre Lebensläufe an die Beschreibung der Stelle an, für die sie sich bewerben möchten. Damals boten Job-Portale keine Möglichkeit, diese unterschiedlichen Lebensläufe und Bewerbungen zu verwalten, und so waren Job-Suchende dazu gezwungen, ihre unterschiedlichen Lebensläufe und Bewerbungen selbst auf ihren Computern zu verwalten. Unsere Interview-Partner erzählten uns, wie chaotisch diese Verwaltung war, da sie ja auch noch vermerken mussten, ob sie bereits eine Antwort erhalten hatten und ob sie zu einem Bewerbungsgespräch eingeladen wurden oder nicht.

Je mehr Interviews wir führten, desto mehr begannen wir zu

verstehen, dass Job-Suchende ein echtes Problem damit hatten, ihre unterschiedlichen Bewerbungen anzupassen und zu verwalten. Im Nachhinein macht das natürlich Sinn, doch bevor wir wirklich mit Job-Suchenden gesprochen hatten, hätten wir maximal diese Hypothese aufstellen können. Jetzt wussten wir, dass das vermeintliche Problem, das unser Auftraggeber lösen wollte, gar kein Problem war – es also nicht wert war, gelöst zu werden – und wir hatten außerdem ein echtes Problem entdeckt. Als Nächstes mussten wir herausfinden, woher dieses Problem kommt.

4. WOHER KOMMT DAS PROBLEM?

Wie man sich vorstellen kann, befanden wir uns damals in einer schwierigen Situation und wir mussten irgendetwas tun, als wir herausgefunden hatten, dass die Wahrnehmung unseres Auftraggebers (Menschen haben Schwierigkeiten bei der Job-Suche) nicht korrekt war, und die Wunschvorstellung seines Job-Portals deshalb keinen echten Sinn ergab.

Wir hätten diese Erkenntnis einfach ignorieren und stattdessen mit der Entwicklung des Job-Portals weitermachen können. Aber wenn man einmal beginnt, mit Menschen zu sprechen, die wirklich ein Problem haben, dann kann man nicht mehr zurückgehen und so tun, als hätte man das Problem nicht gesehen. Man fühlt sich plötzlich verpflichtet, ihnen zu helfen, dieses Problem zu lösen. Genau das ist auch der Grund, warum wir unserem Auftraggeber und dem gesamten Projektteam sehr genau erklärt haben, was wir in unseren Interviews gelernt haben.

Um diese genaue Erklärung zu liefern, mussten wir aber erst einmal verstehen, woher das entdeckte Problem eigentlich gekommen war. Was genau war der Grund für Job-Suchende, ihre Lebensläufe und Bewerbungen anzupassen?

Bei der genauen Analyse unserer Interviews zur Identifikation eindeutiger Verhaltensmuster (siehe „Verhaltensmuster und Personas" in Teil 2) konnten wir erkennen, dass vor allem sehr gut ausgebildete Personen das Problem hatten, ihre Lebensläufe und Bewerbungen an unterschiedliche Stellen anpassen zu müssen. So hörten wir etwa von einem Interview-Partner, dass sein Lebenslauf sieben Seiten hätte, wenn er alle seine Ausbildungen und Berufserfahrungen darin auflisten würde. Davon abgesehen, dass niemand einen 7-seitigen Lebenslauf lesen würde, meinte er, dass er bestimmte Teile seines Lebenslaufs, die überhaupt nichts mit der angebotenen Stelle zu tun hatten, immer weglassen würde, um nicht von seinen relevanten Kompetenzen abzulenken.

Im Gegensatz dazu hatten wir weniger gut ausgebildete Interview-Partner, die nicht so viel Berufserfahrung hatten und sich außerdem immer für dieselbe Art von Stelle beworben haben. Da gab es etwa einen jungen Koch, der uns erzählte, dass er auch Probleme damit hatte, seine Bewerbungen zu verwalten, er jedoch immer ein und denselben Lebenslauf verwendet und diesen einfach ergänzt, sollte er zum Beispiel wieder eine Weiterbildung oder einen Kurs abgeschlossen haben.

Wir konnten also erkennen, dass das Problem mit dem Anpassen von Lebensläufen vor allem für besser ausgebildete Personen bestand, die außerdem unterschiedliche Berufserfahrungen gesammelt hatten, die nicht zur freien Stelle passten. Wie sich jedoch herausstellte, waren es nicht nur besser ausgebildete Personen, die ein Problem mit ihren Bewerbungen hatten, da jeder Job-Suchende einen Weg finden musste, seine Bewerbungen zu verwalten und im Überblick zu haben, was sozusagen die Ursache dieses Problems war.

An diesem Punkt könnte man jetzt noch tiefer gehen und darüber sprechen, wie sich der Arbeitsmarkt allgemein gewandelt hat, und dass Menschen heute viel häufiger ihren Job wechseln als früher, doch wie zuvor erwähnt nutzt es nichts, tiefer liegendere Probleme zu behandeln, als jene, die innerhalb des Rahmens eines Projekts gelöst werden können. Und da wir in diesem Fall bereits die Ursache eines zuvor entdeckten Problems kannten, welches unserer Meinung nach auch im Rahmen dieses Projekts gelöst werden kann, mussten wir nur noch herausfinden, ob das Problem es wert war, gelöst zu werden.

5. IST DAS PROBLEM ES WERT, GELÖST ZU WERDEN?

Bis jetzt haben wir fast ausschließlich über Probleme gesprochen. Es wird daher Zeit zu erklären, warum es uns so wichtig ist, an Problemen zu arbeiten, die es wert sind, gelöst zu werden.

Wenn Menschen an User Experience denken, dann ist es nahezu unvermeidbar, dass sie sich clevere Designlösungen, perfekte Animationen und innovative Benutzeroberflächen vorstellen. Und während all dies natürlich Teil einer richtig guten User Experience ist, hilft eine schöne Oberfläche nichts, wenn ein Produkt oder Service im Kern kein Problem löst.

Hätten Menschen nicht das Problem, von A nach B zu kommen, dann könnte die Uber-App noch so gut gemacht sein, niemand würde sie verwenden. Wenn Menschen nicht das Problem hätten, eine Unterkunft auf ihren Reisen zu benötigen, dann könnte Airbnb eine noch so gute User Experience bieten, niemand würde eine Wohnung auf der Plattform buchen. Dasselbe gilt für jedes andere Unternehmen und es lohnt sich daher nicht, die Aufzählung fortzuführen. Selbst wenn das Problem nur lautet, dass sich Menschen oft langweilen – jedes Produkt muss ein Problem lösen. Tut es das nicht, kann es gar nicht zu einer „User Experience“ kommen, weil niemand das Produkt verwenden würde. Wozu auch? Es löst ja kein Problem und nutzt einem folglich nichts.

Außerdem haben wir gelernt, dass wir unbedingt das zu lösende Problem ins Zentrum der Entwicklung stellen müssen, weil ansonsten Fantasieprobleme gelöst werden. Wir Menschen können nämlich keine Lösung ohne ein Problem entwickeln, und wenn wir das echte Problem nicht kennen, dann erfinden wir (ob bewusst oder unbewusst) unsere eigenen Probleme. Diese lösen wir schließlich und tun dann so, als würden wir damit das Problem unserer Anwender lösen (und sind dann völlig überrascht, wenn unsere Fantasielösungen von niemandem angenommen werden).

Deshalb – und nicht weil wir so auf Probleme stehen – konzentrieren wir uns zu Beginn jedes Projekts darauf, ein Problem zu entdecken, das es wert ist, gelöst zu werden.

Das hat zum Beispiel dazu geführt, dass wir unserem Auftraggeber empfohlen haben, kein neues Job-Portal zu bauen, sondern stattdessen ein Tool zu entwickeln, das Job-Suchenden dabei hilft, sich für passende Stellen zu bewerben und ihre Lebensläufe und Bewerbungen zu verwalten. Dank unserer Interviews hatten wir bereits ein gutes Verständnis davon, wie dieses Tool funktionieren sollte, und konnten gleich einen ersten Prototypen entwickeln.

Und genau das meinen wir, wenn wir von Problemen sprechen, die es wert sind, gelöst zu werden. Es wäre vollkommen wertlos gewesen, ein weiteres Job-Portal zu entwickeln, doch unser Blick von außen, in Kombination mit unseren Interviews, versetzte uns in die Lage, diesen Umstand zu erkennen – und – was extrem wichtig ist, eine alternative Lösung vorzuschlagen. Eine Lösung, die nicht etwa auf unserer Meinung basierte, sondern auf dem Unterschied zwischen den Wahrnehmungen und Wunschvorstellungen, die wir in den Interviews mit potentiellen Anwendern entdecken konnten.

Ob dieses Problem es nun wert ist, gelöst zu werden oder nicht, hängt von unzähligen Faktoren ab und ist etwas, das unser Auftraggeber selbst entscheiden muss (damals entschied er sich dafür, unseren Vorschlag anzunehmen). Natürlich geben wir unser Bestes, ihn oder sie bei dieser Entscheidung zu unterstützen, doch einige der wirtschaftlichen Ziele und Rahmenbedingungen kennen nur unsere Auftraggeber selbst, und so können auch nur sie entscheiden, was es wert, ist gemacht zu werden, und was nicht. Für uns spielen diese Themen nur insofern eine Rolle, als dass wir die grundsätzlichen Rahmenbedingungen kennen müssen, um einschätzen zu können, ob genügend Zeit und Geld vorhanden ist, um einerseits das entdeckte Problem zu lösen, und andererseits unseren UX-Prozess durchführen und finanzieren zu können.

Wie unser UX-Prozess im Detail aussieht, hängt immer vom jeweiligen Projekt ab (das ist der Unterschied zwischen Theorie und Praxis!), aber den grundsätzlichen Ablauf beschreiben wir jetzt in TEIL2: Löse das Problem – schrittweise!

TEIL 2: LÖSE DAS PROBLEM – SCHRITTWEISE!

„Habe deine Zwecke im Ganzen vor Augen und lasse dich im Einzelnen durch die Umstände bestimmen.“
– Johann Wolfgang von Goethe

6. ERSTE SCHRITTE …

In der Einleitung haben wir bereits erwähnt, dass es bei User Experience (UX) um ein sinnvolles Ganzes geht. Jetzt wollen wir beschreiben, was wir tun können, um dieses *Ganze* vor Augen zu haben und im *Einzelnen* sinnvolle Entscheidungen zu treffen.

Für uns beginnen UX-Projekte meist mit einem Anruf oder einer E-Mail eines potentiellen Auftraggebers. Da wir in Teil 1 bereits beschrieben haben, wie diese Gespräche ungefähr ablaufen, konzentrieren wir uns stattdessen gleich darauf, was wir in dieser ersten Unterhaltung herausfinden wollen. Nämlich, ob es das Problem, das wir in diesem Gespräch entdecken konnten, überhaupt wert ist, gelöst zu werden. Wir schlucken sozusagen unsere eigene Medizin und entscheiden danach, ob wir eine freundliche Absage erteilen oder nach einem Termin beim Auftraggeber fragen.

Sollten wir nach einem Termin fragen und diesen auch bekommen, bereiten wir eine Präsentation vor, in der wir unseren UX-Prozess beschreiben und bisherige Projekte vorstellen. Und während diese Präsentationen an die potentiellen Auftraggeber und ihre Projekte angepasst sind, gibt es eine Folie, die so gut wie immer vorkommt:

Relative Kosten der Fehlerbeseitigung

Diese Grafik zeigt die relativen Kosten der Fehlerbeseitigung innerhalb eines Software-Projekts. Wenn die Kosten der Beseitigung eines Fehlers in der Analyse-Phase mit dem Wert 1 definiert werden, so steigen die Kosten in der Design-Phase auf 3 bis 8; in der Entwicklung auf 7 bis 16; in der Test-Phase auf 21 bis 78; und im laufenden Betrieb sind die Kosten der Fehlerbeseitigung im Verhältnis zur Analyse-Phase bereits 29- bis 1.500-mal so hoch[3].

Es lohnt sich demnach, Fehler möglichst früh zu machen, damit die Entwicklungskosten später nicht explodieren. Und um möglichst viele Fehler noch während der Analyse- und Design-Phase zu identifizieren und zu beseitigen – während die Kosten der Fehlerbeseitigung am geringsten sind – haben wir folgenden Prozess entwickelt:

- Recherche und Durchführen von Interviews
- Ableiten von Verhaltensmustern und Personas
- Schreiben von Szenarios und Anforderungen
- Erstellen von Skizzen und Prototypen
- Testen und schrittweises Überarbeiten
- Launch einer minimalen Lösung

Unser Prozess ist dabei eine Mischung aus Alan Coopers Goal-Directed-Design-Methode, die in *Designing for the Digital Age* von Kim Goodwin ausführlich beschrieben wird, sowie einigen weiteren UX-Methoden, wie etwa Prototyping und Usability-Testing, die in den letzten Jahren entwickelt wurden. Außerdem waren wir sehr inspiriert von *Getting Real* und *The Lean Startup*, und natürlich von unserem gemeinsamen Informationsdesign-Studium an der FH Joanneum, sowie von Dieter Rams und Steve Krug, um nur einige der Vorbilder zu nennen, die unseren Prozess in den letzten Jahren mitgeprägt haben. Neben all diesen Aspekten ist unser Prozess aber vor allem eines: praxiserprobt.

Fehler zu machen ist die einzige Möglichkeit, etwas Neues zu lernen – und wir mussten etwas Neues lernen, denn niemand konnte uns erklären, wie User Experience in der Praxis wirklich funktioniert. Um das herauszufinden, haben wir jede Menge Fehler gemacht, und dadurch konnten wir schließlich einen Prozess entwickeln, der in der Praxis wirklich funktioniert. Und auf den nächsten Seiten beschreiben wir die einzelnen Schritte dieses Prozesses, in der Hoffnung, dass dir vielleicht der eine oder andere unserer Fehler erspart bleibt.

7. RECHERCHE UND INTERVIEWS

Beginnen wir mit dem größten Fehler, den man im Zusammenhang mit der Planung und Durchführung einer Recherche-Phase machen kann. Der größte Fehler ist zu glauben, dass die Recherche-Phase irgendwann vorbei ist.

Obwohl sich das für manche schrecklich anhören muss, weil man ja Fortschritte machen möchte und möglichst schnell von der Recherche- in die Design-Phase kommen will, stellt es sich als unglaublich befreiende Erkenntnis heraus. Und was genau ist so befreiend daran, dass die Recherche-Phase nie vorbei ist? Nun, man braucht nicht mehr auf den Abschluss der Recherche zu warten, um endlich mit der eigentlichen Arbeit beginnen zu können.

Klassische Recherche-Phasen dauern zu lange, und selbst wenn wir unseren Auftraggebern die Grafik mit den relativen Kosten der Fehlerbeseitigung zeigen, sind sie für gewöhnlich nicht damit einverstanden, erst einmal eine 2-monatige Recherche-Phase einzuschieben. Und recht haben sie! Was wir nämlich mit hundertprozentiger Sicherheit sagen können, ist, dass keine Recherche-Phase der Welt, wenn sie auch noch so gewissenhaft geplant und durchgeführt wird, ein Problem detailliert genug beschreiben kann, um sämtliche Fehler vorab zu identifizieren und damit vollständig zu vermeiden. Fehler zu machen muss also ein erwarteter Bestandteil jedes Projekts werden (alles andere wäre eine Fantasievorstellung und wozu diese führen können, beschreiben wir im ersten Kapitel von Teil 3: Warum Produkte scheitern).

Wir müssen also lernen, mit Fehlern umzugehen und sie schnellstmöglich zu finden und zu beseitigen, anstatt zu versuchen, sie zu vermeiden. Ein Entrepreneur würde dazu wohl sagen, dass jemand, der etwas gewinnen will, auch etwas wagen muss. Und das stimmt, was jedoch nicht heißt, dass wir deshalb auf unsere Recherche verzichten. Ganz im Gegenteil, unsere Recherche hört nie mehr wirklich auf.

Beginn der Recherche-Phase

Nur weil etwas kein Ende hat, heißt das nicht unbedingt, dass es auch keinen Anfang hat. Unsere Recherche-Phase hat jedenfalls einen Anfang, und zwar immer denselben: Stakeholder-Interviews.

Stakeholder-Interviews sind etwa einstündige Einzelgespräche mit allen Projektbeteiligten, angefangen bei unseren Auftraggebern selbst, ihren Managern, Designern und Entwicklern, Geschäftsführern, Investoren und allen anderen, die direkt im Projekt involviert sind. Einerseits dienen diese Gespräche natürlich zum gegenseitigen Kennenlernen, was alleine schon viel wert ist, doch was noch viel wichtiger ist, wir bekommen durch unsere Stakeholder-Interviews einen Überblick vom gesamten Projekt. Und das ist genau der Grund, warum wir diese Interviews unbedingt durchführen müssen – denn nur wenn wir die Wahrnehmungen und Wunschvorstellungen *aller* Entscheidungsträger kennen, können wir das zu lösende Problem genau darstellen, indem wir zuerst das große Ganze erkennen, um schließlich im Einzelnen sinnvolle Entscheidungen zu treffen und Fehler so früh wie möglich zu erkennen und zu beseitigen.

Aus unseren Stakeholder-Interviews erfahren wir nicht nur, welches Problem eigentlich gelöst werden soll und was die Voraussetzungen und Rahmenbedingungen für das Projekt sind, sondern wir bekommen auch wertvolle Hinweise darauf, wer die potentiellen Anwender des fertigen Produkts oder der Dienstleistung sein sollen. Zu diesem Zeitpunkt könnten wir uns bereits zusammensetzen und Verhaltensmuster definieren und Personas der einzelnen Zielgruppen erstellen, doch, wie in

Teil 1 erwähnt, wären das nur Hypothesen. Da erste Hypothesen jedoch meist falsch sind, lauert hier bereits gewaltiges Fehlerpotential, und was passiert, wenn man Fehler nicht bereits in der Analyse erkennt und beseitigt, zeigt ein erneuter Blick auf die bereits bekannte Grafik:

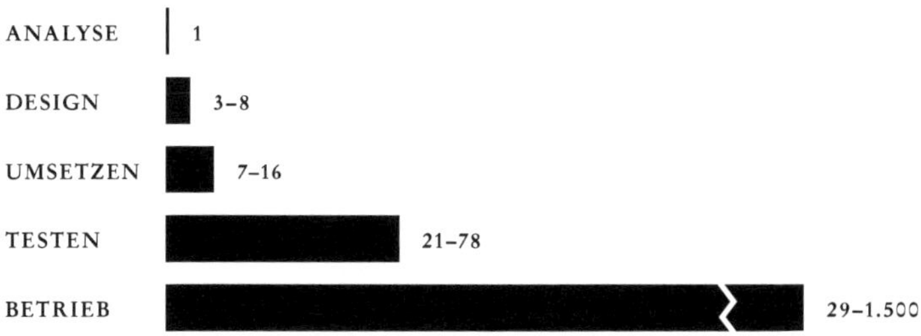

Relative Kosten der Fehlerbeseitigung

Man kann diese Grafik gar nicht oft genug zeigen, weil sie verdeutlicht, was unweigerlich passiert, sobald man die Analyse hinter sich lässt und mit der Entwicklung beginnt. Deshalb – und wegen des in Teil 1 erwähnten blinden Punkts – nutzen wir unseren Blick von außen, um gleich zu Beginn eines Projekts den Status quo in Frage zu stellen. Nicht (nur) aus Prinzip, sondern weil die Beantwortung dieser Frage im späteren Verlauf der Projekts immer teurer wird.

Und genau deshalb schlagen wir zu diesem Zeitpunkt auch vor, Interviews mit potentiellen Anwendern und Kunden zu führen, um besser zu verstehen, wer diese Menschen eigentlich sind und wie unsere Lösung sie am besten dabei unterstützen kann, ihre Probleme zu lösen und ihre Ziele zu erreichen.

Beginn der User-Interviews

Die meisten Leute fragen uns, wie wir im Rahmen der User-Recherche überhaupt an Interview-Partner kommen; fangen wir deshalb gleich damit an.

Unsere erste Anlaufstelle sind natürlich die Gesprächspartner aus unseren Stakeholder-Interviews. Im Fall des zuvor erwähnten Job-Portals kamen wir auf diesem Weg zum Beispiel an eine Liste mit Namen und E-Mail-Adressen von Job-Suchenden, die einer der Stakeholder zur Verfügung stellen konnte. Oft gibt es aber auch Newsletter-Abonnenten und weitere Kundendaten, die im Vorfeld gesammelt wurden. Und sobald wir einmal E-Mail-Adressen haben, können wir weitermachen und schicken dafür meist eine kurze Umfrage aus.

Unsere Umfrage besteht normalerweise aus nicht mehr als drei oder vier Fragen, die uns einerseits dabei helfen, die richtigen Interview-Partner zu finden, und die andererseits dafür sorgen, dass wir überhaupt an Gesprächspartner kommen. Das gelingt uns, indem wir zum Abschluss fragen, ob jemand Zeit und Lust für ein etwa einstündiges Telefonat hätte, um uns bei der Entwicklung eines neuen Produkts zu unterstützen (oder was auch immer der genaue Anlass des Projekts ist). An diesem Punkt ist es natürlich hilfreich, wenn unser Auftraggeber einen Gutschein oder irgendeine andere Form der Entlohnung bereitstellen kann. Und für gewöhnlich haben wir ab diesem Zeitpunkt unsere ersten Interview-Partner.

Die Interviews selbst werden als qualitative Interviews bezeichnet, weil darin weniger objektive Daten (welche man quantitativ vergleichen könnte) als viel mehr subjektive Wahrnehmungen erfasst werden. Das heißt, es gibt keinen Fragebogen in dem Sinn, und im Mittelpunkt stehen stattdessen die Erzählungen der Interviewten. Um diese Erzählungen in Gang zu bringen, starten die Interviews mit einer Eingangsfrage, wie etwa der Frage nach einem typischen Tag im Leben. Die Antworten auf diese Einstiegsfrage sind häufig nicht wirklich relevant – viel mehr geht es darum, den Interview-Partner zum Erzählen zu bringen. Auf diese Weise versucht man in eine Unterhaltung zu gelangen, in der man selbst als Interviewer so gut wie nie spricht, und Fragen fast ausschließlich dazu stellt, um den Interviewten zum Weitererzählen zu animieren und sein Verhalten dadurch immer besser nachvollziehen und verstehen zu können.

Abgesehen davon hat man natürlich bestimmte Themen, die man bereits von den Stakeholdern kennt, und über die man in den Interviews gerne mehr erfahren möchte. Im Fall des Job-Portals fragt man deshalb zum Beispiel, wie genau jemand bei der Job-Suche vorgeht und welche Probleme und Frustrationen aktuell damit verbunden sind. Doch man muss behutsam sein und sehr darauf achten, den Interview-Partnern keine Worte in den Mund zu legen und keine Suggestiv-Fragen wie „Du findest das also nicht gut?" zu stellen.

Wie genau diese Interviews ablaufen und worauf man dabei alles achten sollte, findest du in Kim Goodwins *Designing for the Digital Age* Buch und in folgenden Artikeln unseres Simplease-Blogs. Wir glauben jedoch, dass du nur das nächste Kapitel über Verhaltensmuster und Personas lesen musst, um zu verstehen, worauf es bei diesen User-Interviews wirklich ankommt.

- http://blog.simplease.at/2011/09/die-uberraschend-einfachen-geheimnisse-eines-guten-interviews/
- http://blog.simplease.at/2011/08/schritt-fur-schritt-vom-interview-zum-fertigen-feature/

8. VERHALTENSMUSTER UND PERSONAS

Bevor wir mehr über Verhaltensmuster und Personas erzählen, erst eine kurze Geschichte.

Als wir vor knapp 10 Jahren unsere erste User-Recherche abgeschlossen hatten (damals hatten unsere Recherche-Phasen noch ein Ende), haben wir zwei völlig unterschiedliche Muster im Verhalten unserer Interview-Partner entdeckt und deshalb zwei Personas erstellt, um diese unterschiedlichen Verhaltensmuster abzubilden und innerhalb des Projektteams zu präsentieren. Die beiden Personas hießen damals Thomas und Michael und waren sozusagen das Ergebnis unserer Recherche und die Basis für unsere Design-Phase.

Etwa eineinhalb Jahre nachdem wir die beiden Personas erstellt hatten, waren wir auf einer Veranstaltung zum Thema Innovation und Design. Und als wir dort im Vortragssaal saßen, konnten wir plötzlich unser Auftraggeber auf der Bühne sehen, um eine Präsentation über den erfolgreichen Einsatz von Innovationsmethoden zu halten. Als er gegen Ende seiner Präsentation schließlich von Personas erzählte und über ihre Rolle bei der Entwicklung innovativer Produkte und Services sprach, waren wir sehr gespannt, was genau er denn nun dazu sagen würde. Und als er es schließlich gesagt hatte, waren wir begeistert, weil wir spätestens jetzt wussten, dass unsere Personas ein Riesenerfolg gewesen sind. Unser Auftraggeber stand nämlich auf der Bühne und erzählte von Thomas und Michael und sprach darüber, dass, sobald er heute einem potentiellen Kunden gegenübersteht, er sich nur eine Frage zu stellen braucht: Ist das eher ein Thomas oder eher ein Michael? Sobald er diese Frage beantwortet, kann er seine gesamte Kommunikation an die entsprechende Persona anpassen.

Genau das ist die große Stärke von Personas, wenn sie gut gemacht sind – sie bleiben im Kopf und helfen dabei die eigenen Kunden zu verstehen. Vor allem dann, wenn sie ordentlich recherchiert sind und auf echten User-Interviews beruhen. Das erwähnen wir deshalb, weil wir viel zu oft gesehen haben, dass Personas erstellt wurden, ohne jemals mit potentiellen Anwendern zu sprechen. An dieser Stelle wollen wir deshalb klar zwischen Personas und Persona-Hypothesen unterscheiden.

„Personas sind Archetypen, um die unterschiedlichen Ziele und beobachteten Verhaltensmuster deiner Anwender und Kunden zu beschreiben. […] Eine Persona fasst die wichtigsten Verhaltensdaten zusammen und beschreibt diese auf eine Art und Weise, die es Designern und Stakeholdern erlaubt, sie zu verstehen, in Erinnerung zu behalten und sich darauf beziehen zu können.“[4]

Solange man noch keine User-Interviews geführt hat, kann man jedoch keine Personas haben. Man kann aber Persona-Hypothesen aufstellen, und oft reichen eine Handvoll Annahmen, um die Arbeit fortzusetzen. Personas sind kein Muss und viele erfolgreiche Produkte und Services wurden bereits ohne sie entwickelt. Was jedoch noch nie passiert ist, ist, dass Persona-Hypothesen getarnt als Personas irgendjemandem etwas gebracht haben (außer vielleicht ein wenig Spaß für diejenigen, die sich die Geschichten ausgedacht haben). Wir sagen das deshalb so direkt, weil mit Personas seit Jahren Schindluder getrieben wird und viele vermeintliche UX-Experten es sich offenbar zur Aufgabe gemacht haben, den ganzen Tag lang Personas zu erstellen, die aussehen, als wären sie echte Personas, die jedoch nur ihrer Fantasie (und der Fantasie ihrer Stakeholder) entspringen und somit richtigerweise als Persona-Hypothesen oder Proto-Personas bezeichnet werden sollten. Und dementsprechend sollten sie auch aussehen und gekennzeichnet sein. Bevor wir jedoch näher darauf eingehen, müssen wir erst klarstellen, was die Grundlage jeder einzelnen Persona sein sollte, nämlich ein eindeutig identifiziertes Verhaltensmuster.

Verhaltensmuster und Persona-Hypothesen

Vor Beginn der User-Interviews formulieren wir für gewöhnlich Persona-Hypothesen. Diese Hypothesen stellen vermutete Verhaltensmuster dar, die wir mit Hilfe unserer User-Interviews entweder bestätigen oder verwerfen, um schließlich das tatsächlich entdeckte Verhalten in Form von Personas abzubilden.

Wie genau dieser Prozess von der Planung über die Durchführung bis hin zur Analyse und Auswertung der Interviews funktionieren kann, wird von Kim Goodwin in *Designing for the Digital Age* detailliert beschrieben. Und da sie in ihrer Beschreibung von einer umfassenden Recherche-Phase ausgeht, wir aber in der Praxis meist nicht die Zeit für eine derart umfassende Recherche haben, präsentieren wir hier stattdessen eine vereinfachte Version, die wir selbst anwenden, wenn wir dennoch ein Problem lösen möchten, das es wert ist, gelöst zu werden. Denn dafür brauchen wir ein Verständnis der Menschen, die das Problem tatsächlich haben, und deshalb müssen wir mit ihnen reden.

Das Gute an unserem Prozess ist, dass es bereits fantastisch ist, wenn wir nur mit einem einzigen potentiellen Anwender sprechen können. Weil unsere Recherche-Phase nie endet, brauchen wir keine vier bis fünf Interviewpartner, die notwendig sind, um ein Verhaltensmuster eindeutig zu identifizieren. Wir nehmen einfach alles was, wir kriegen können, und sind uns dessen bewusst, dass wir daraus noch keine echten Personas machen können – stattdessen können wir aber Proto-Personas erstellen.

Proto-Personas sind nicht viel mehr als Hypothesen, die wir einerseits aus den Stakeholder-Interviews gesammelt haben, und die sich andererseits durch quantitative und qualitative Daten (wie unseren User-Interviews) teilweise bestätigen lassen. Wir sagen teilweise, weil wir zur eindeutigen Bestätigung eines Verhaltensmusters immer mindestens vier Interview-Partner brauchen, bei denen wir dieses Verhalten tatsächlich beobachten und eindeutig nachvollziehen können. Und bis es so weit ist, können wir einfach mit Proto-Personas arbeiten, um den aktuellen Stand unserer Recherche darzustellen und zielgerichtet weiterzumachen.

Von der Proto-Persona zur Persona

Während man oft 20 und mehr Interviews benötigt, um legitime und glaubhafte Personas zu erstellen, reichen schon zwei, drei User-Interviews und ein wenig Hausverstand zur Erstellung sogenannter Proto-Personas. Und mehr braucht es oft nicht, um mit dem Schreiben von Szenarios und dem Ableiten der Anforderungen für das Design zu beginnen.

Ein Beispiel:

Als wir vor einigen Jahren unseren eigenen Service Userbrain veröffentlicht haben, konnten wir selbst erfahren, dass eine vorgelagerte Recherche-Phase inklusive User-Interviews nicht immer notwendig ist, um ein erfolgreiches Produkt zu entwickeln. Wir haben damals einfach unsere Erfahrungen aus fünf Jahren UX-Projekten zusammengenommen und sind zum Schluss gekommen, dass wir eine Möglichkeit für uns und unsere Auftraggeber brauchen, um Websites, Online-Services und Prototypen regelmäßig mit echten Menschen zu testen. Wir waren davon überzeugt, dass dieses Problem es wert war, gelöst zu werden, und wir hatten eine ziemlich genaue Vorstellung davon, wie wir es lösen können. Wir haben den Service damals innerhalb einer einzigen Woche online gestellt und sofort haben sich erste Kunden angemeldet und angefangen uns monatlich Geld zu überweisen (wie genau wir das gemacht haben, erfährst du im Kapitel „Die minimale Lösung").

Und was hat diese Geschichte mit Verhaltensmustern und Proto-Personas zu tun? Nun, da wir damals nur eine Woche in die Entwicklung einer ersten minimalen Version gesteckt haben, kannst du dir vorstellen, wie viele User-Interviews wir geführt haben. Klar hatten wir eine ziemlich genaue Vorstellung davon, wer Userbrain verwenden könnte (welche sich als falsch herausgestellt hat), doch mit potentiellen Anwendern haben wir in dieser Woche nicht gesprochen. Das war in diesem Fall auch nicht wirklich schlimm, da wir aufgrund unserer Erfahrung mit UX-Projekten sozusagen eine fünf Jahre lange, informelle Recherche-Phase durchgeführt haben, die uns genug vom großen Ganzen verstehen ließ, um eine Lösung zu entwickeln, für die Leute bereit waren Geld zu zahlen. Doch irgendwann blieb die Zahl der monatlichen Neukundenanmeldungen hinter den steigenden Erwartungshaltungen zurück. Wir wussten, was wir zu tun hatten. Wir mussten mit unseren Kunden sprechen.

Wir haben also gleich eine Umfrage an alle Userbrain-Kunden ausgeschickt und sie nach ihrem Job-Titel und ihrer Erfahrung mit Usability-Testing gefragt – und natürlich haben wir sie gefragt, ob sie Zeit und Lust auf ein Telefon-Interview hätten, um uns zu helfen, Userbrain zu verbessern. Während die meisten diese letzte Frage mit Nein beantworteten, haben sich immerhin eine Handvoll Userbrain-Kunden bereit erklärt, mit uns zu sprechen (und wir haben durch die Umfrage zusätzlich quantitative Daten über unsere Kunden gesammelt). Jedenfalls wussten wir, dass wir nicht genug Interview-Partner für eine umfassende User-Recherche auftreiben konnten. Das hielt uns aber nicht davon ab, die wenigen Zusagen, die wir hatten, wahrzunehmen und unsere Kunden endlich kennenzulernen. Und es war in dieser Zeit, als wir damit begonnen haben, erste Proto-Personas unserer Userbrain-Kunden zu entwickeln.

Als wir unsere Interviews führten, haben wir zwei grundsätzlich unterschiedliche Verhaltensmuster entdeckt. Natürlich konnten wir diese Verhaltensmuster nicht eindeutig bestätigen, da wir dafür mit zu wenigen Kunden gesprochen hatten. Dennoch haben wir alles verwertet, was wir kriegen konnten, und darauf basierend zwei Proto-Personas entwickelt:

VERANTWORTLICHER MANAGER:

Ich muss ein Team leiten; ich bin wirklich beschäftigt.

Ich verbringe meine Zeit in Meetings, schreibe E-Mails und treffe Entscheidungen.

Ich will, dass Userbrain uns dabei hilft, die Leistung unseres Teams zu steigern.

Ich glaube, dass Usability-Testing wichtig ist, und ich möchte, dass unser Team mehr davon macht.

Meine größten Probleme mit Usability-Testing sind, dass es teuer und zeitintensiv ist.

...

AUSFÜHRENDER DESIGNER/ENTWICKLER:

Ich muss mich um die Details kümmern; ich mache die wirkliche Arbeit.

Ich designe Mockups, entwickle Webseiten und baue Prototypen.

Ich will, dass Userbrain mir dabei hilft, meine Arbeit zu verbessern.

Ich glaube, dass Usability-Testing wichtig ist, und ich möchte mehr davon machen.

Meine größten Probleme mit Usability-Testing sind, Entscheidungsträger von der Wichtigkeit zu überzeugen und die Aufgaben für die Tester zu schreiben.

...

Beide Proto-Personas stammen aus den Beobachtungen und der Analyse des Verhaltens unserer Interview-Partner. Doch statt sofort mit der Erstellung echt aussehender Personas zu beginnen und uns selbst vorzumachen, wir hätten eine vollständige User-Recherche durchgeführt, haben wir stattdessen einfach ein paar Sätze notiert, um die bisher entdeckten Erkenntnisse zusammenzufassen.

Man kann sich vorstellen, wie hilfreich diese Unterscheidung zwischen Manager und Designer/Entwickler seither für uns ist. Doch obwohl wir damals eine Handvoll Interviews geführt hatten, haben wir dennoch keine echt aussehenden Personas erstellt. Warum nicht? Weil das irreführend gewesen wäre, denn Personas haben den Anspruch, eindeutig identifizierte Verhaltensmuster darzustellen, wenn wir aber nur ein, zwei Gesprächspartner hatten, die ein solches Muster nahelegen, dann wäre es schlichtweg unprofessionell und unehrlich, daraus eine vollständige Persona zu entwickeln. Deswegen haben wir Proto-Personas erstellt, um den Status quo unserer Recherche authentisch darzustellen und dementsprechend ehrlich damit umzugehen.

Echt aussehen sollten unsere Personas nämlich immer erst dann, wenn wir genügend User-Interviews geführt haben, um die identifizierten Verhaltensmuster eindeutig bestätigen zu können. Bis dahin sollten Personas am besten durch eine Karikatur dargestellt werden oder einfach gar kein Bild zeigen, weil nämlich das alleine schon den Eindruck erweckt, als würden sie das Verhalten echter Menschen darstellen. Doch genau das tun Personas (besser gesagt Proto-Personas) zu diesem Zeitpunkt noch nicht, und lässt man sie dennoch echt wirken, dann macht man damit die gesamte Methode lächerlich und sorgt dafür, dass niemand mehr Personas ernstnehmen kann.

Außerdem braucht man nicht so zu tun, als hätte man echte Personas entwickelt, denn alles, was man benötigt, um mit dem nächsten Schritt unseres Prozesses anzufangen, ist ein Name. Ein Name ist sozusagen die minimale, notwendige Beschreibung eines potentiellen Anwenders, und völlig egal wie viel Recherche zu Beginn eines Projekts möglich ist, und unabhängig davon, ob man jetzt Proto-Personas, echte Personas oder gar keine Personas hat, sobald man einen Namen hat, kann man damit beginnen, Szenarios zu schreiben und Anforderungen für die Entwicklung abzuleiten.

9. SZENARIOS UND ANFORDERUNGEN

Szenarios sind die Brücke zwischen Recherche und Design. Und selbst wenn unsere Recherche lediglich aus einer Handvoll Stakeholder-Interviews besteht, so können wir dennoch jederzeit beginnen, erste Szenarios zu schreiben und daraus die Anforderungen für unser Design abzuleiten.

Szenarios sind Geschichten mit einem Anfang und einem Ende, die zeigen, wie eine perfekte Interaktion aus User-Sicht aussehen kann. Im Unterschied zu Personas, in welchen die Ziele, Probleme und Frustrationen der Anwender dargestellt werden, zeigen wir in Szenarios, wie unsere Anwender diese Ziele auf einfache und angenehme Weise erreichen können. Personas beschreiben also das *gegenwärtige* Problem (sie helfen uns, das Problem darzustellen), während Szenarios die *zukünftige* Lösung definieren (sie helfen uns die Lösung zu entwickeln).

Am besten versteht man Szenarios, indem man sich ein Beispiel ansieht. Folgendes Szenario haben wir geschrieben, als wir vor einigen Jahren eine Benutzeroberfläche für die Mechaniker eines Radgeschäfts entwickelten, um ihnen dabei zu helfen, Rad-Services effizienter zu verwalten. Dieses Szenario beschreibt zwar nur einen kleinen Teil des Service-Tools, wie wir die fertige Lösung genannt haben, es liefert aber dennoch einen guten Einblick, wie Szenarios in der Praxis funktionieren können.

Beispiel-Szenario:

`Für Flo beginnt der Arbeitstag kurz vor zehn Uhr. Er kommt in die Werkstatt und macht sich zuerst ein Bild davon, welche Räder heute repariert werden müssen.`

Auf den ersten Blick erkennt Flo, dass im Service-Tool zwei Räder eingetragen sind, die bereits seit einem Tag überfällig sind. Es handelt sich dabei um ein E-Bike und ein Rennrad. Zusätzlich zu den beiden überfälligen Rädern müssen heute noch neun weitere Rad-Services abgeschlossen werden. Bei drei der heute geplanten Räder handelt es sich um Mountainbikes, vier sind Rennräder und zwei Trekking-Bikes.

Weil Flo die Aufgabe hat, Rad-Services so schnell wie möglich zu erledigen, beginnt er mit einem der beiden überfälligen Räder. Er entscheidet sich, zuerst das Rennrad zu reparieren, und erfährt, dass es sich dabei um ein rotes BMC handelt, bei dem die Bremse schleift und die Kette getauscht werden muss. Er sieht, dass das Fahrrad die Nummer 23 hat, und findet es dank der Nummer, ohne lange in der Werkstatt danach suchen zu müssen.

Nachdem Flo mit dem Rad fertig ist, schließt er die Reparatur im Service-Tool ab und gibt an, dass er der durchführende Mechaniker war. Flo erkennt, dass einer seiner Kollegen in der Zwischenzeit auch das zweite überfällige Rad repariert hat und widmet sich deshalb einem der verbleibenden Rad-Services. Weil er Experte für Rennräder ist, achtet er speziell auf diese vier Räder und entscheidet sich, als Nächstes die BMC Racemachine mit der Nummer 25 zu reparieren.

Als Flo dieses Rad auseinanderbaut, bemerkt er, dass das Schaltwerk stark beschädigt ist. Deshalb sucht er im Service-Tool nach der Telefonnummer des Kunden, um diesen kurz anzurufen und Bescheid zu geben, dass die Reparatur etwas länger dauern wird, da das neue Schaltwerk erst bestellt und geliefert werden muss. Als Flo den Kunden erreicht, schlägt er diesem vor, ein neues Schaltwerk zu bestellen und einzubauen, was etwa eine Woche dauern wird und ungefähr 50 Euro mehr kostet. Der Kunde ist damit einverstanden und Flo legt das Rad in die Warteschleife. Dabei vermerkt er, dass ein neues Schaltwerk bestellt wird und der Kunde mit den zusätzlichen Kosten von 50 Euro einverstanden ist. Als voraussichtlichen Fertigstellungstermin wählt er heute in einer Woche.

Nachdem Flo diesen Rad-Service nun nicht mehr abschließen kann und stattdessen das Ersatzteil bestellt hat, widmet er sich gleich dem nächsten Rad. Insgesamt schafft er heute noch vier weitere Service-Räder, bei denen es zu keinen unvorhergesehenen Problemen mehr kommt. Am Ende seiner Schicht räumt Flo noch kurz seinen Arbeitsplatz auf, wäscht sich die ölverschmierten Hände und macht sich auf den Weg nach Hause.

Dieses Szenario ist entstanden, nachdem wir einen Tag mit den Mechanikern in der Werkstatt des Radgeschäfts verbracht haben. Wir haben uns zeigen lassen, wie Service-Termine verwaltet werden, welche Probleme es dabei gibt, und waren dabei, als Kunden ihre Räder zum Service-Termin brachten und als Mechaniker die Reparaturen durchführten. Und da es sich damals um ein internes Tool handelte und wir alle Mechaniker persönlich kennenlernten, brauchten wir keine Personas mehr zu erstellen, um ihre Verhaltensmuster zu beschreiben. Auf diese Weise lernten wir, dass Personas zwar extrem nützlich sind, um unsere Recherche-Ergebnisse zu kommunizieren, doch dass alles, was wir wirklich brauchten, um mit dem Design unserer Lösung beginnen zu können, ein Szenario war.

Wie Szenarios funktionieren

Beim Lesen des Beispiel-Szenarios fallen einem sofort die kleinen Details auf, wie etwa der Beginn des Arbeitstages um 10 Uhr oder die ölverschmierten Hände. Das Wichtige daran ist, dass diese Details direkt von den Mechanikern kommen und nicht etwa unserer Fantasie entspringen. Und obwohl uns diese Details dabei helfen, das Szenario lebendiger und authentischer zu gestalten, erlauben sie uns vor allem, wichtige Erkenntnisse der Recherche-Phase nicht zu vergessen und sicherzustellen, dass wir sie in unsere Design-Entscheidungen einfließen lassen (wie etwa die ölverschmierten Hände, die klarmachten, dass Touchscreens wohl keine gute Lösung sein würden).

Man kann sich Szenarios ein bisschen wie Drehbücher für Filme vorstellen. Natürlich kann man einfach die Kamera einschalten und drauf losfilmen (direkt mit der Umsetzung beginnen), doch gute Filmemacher werden immer erst ein Drehbuch verfassen, in dem sie beschreiben, was genau am Ende herauskommen soll. Und da gute Szenarios, genau wie gute Drehbücher auch, den Erfolg des Endprodukts maßgeblich beeinflussen, nehmen wir das Schreiben von Szenarios sehr genau. Tatsächlich so genau, dass jeder einzelne Satz in unseren Szenarios eine Bedeutung hat.

Werfen wir dafür einfach einen Blick auf das Beispiel-Szenario:

```
Für Flo beginnt der Arbeitstag kurz vor zehn Uhr.
Er kommt in die Werkstatt und macht sich zuerst
```

`ein Bild davon, welche Räder heute repariert werden müssen.`

Obwohl uns diese Einleitung nichts über die Details der Benutzeroberfläche verrät, so erfüllt sie dennoch den Zweck, uns den Kontext der späteren „User Experience" vor Augen zu führen. In diesem Fall erfahren wir zum Beispiel, dass unsere Lösung Flo dabei helfen muss, sich schnell einen Überblick aller heutigen Service-Räder zu verschaffen. Wie genau das funktionieren soll, sehen wir im nächsten Teil:

`Auf den ersten Blick erkennt Flo, dass im Service-Tool zwei Räder eingetragen sind, die bereits seit einem Tag überfällig sind. Es handelt sich dabei um ein E-Bike und ein Rennrad. Zusätzlich zu den beiden überfälligen Rädern müssen heute noch neu weitere Rad-Services abgeschlossen werden. Bei drei der heute geplanten Räder handelt es sich um Mountainbikes, vier sind Rennräder und zwei Trekking-Bikes.`

In diesem Teil erfahren wir bereits einige Hinweise zur Gestaltung der Benutzeroberfläche, ohne jedoch die eigentliche Lösung vorwegzunehmen. Wir wissen zum Beispiel, dass es überfällige Räder gibt und dass man diese überfälligen Räder als Erstes sehen soll. Außerdem erfahren wir, dass man den Radtyp (Mountainbikes, Rennräder, Trekking-Bikes) sofort erkennen soll, um sich einen guten Überblick zu verschaffen. Die Radtypen selbst stammen dabei aus den Interviews und der Grund, warum sie im Szenario erwähnt werden, ist, dass Mechaniker sich tatsächlich anhand der Radtypen aussuchen, welches Rad sie als Nächtes reparieren. Wie sich herausstellte, konnte nämlich nicht jeder Mechaniker jeden Radtyp reparieren, was dazu geführt hat, dass wir diesen Aspekt unbedingt im Szenario erwähnen mussten, um ihn im Design nicht zu übersehen.

Apropos Design, fällt dir auf, dass das genaue Design im Szenario nicht beschrieben wird? Es steht nirgends etwas davon, *wie* die überfälligen Räder gekennzeichnet sind oder woran man erkennen kann, dass es sich bei einem Rad um ein Mountainbike oder Rennrad handelt. Im Szenario zeigen wir nur, dass diese Aspekte wichtig sind. Werfen wir daher einen Blick auf die einzelnen Sätze des vorigen Teils unseres Beispiel-Szenarios, um zu zeigen, wie man daraus dennoch Anforderungen für das Design ableitet:

`Auf den ersten Blick erkennt Flo, dass im Service-Tool zwei Räder eingetragen sind, die bereits seit einem Tag überfällig sind.`

- Man soll überfällige Räder auf den ersten Blick erkennen
- Man soll sehen, wie lange diese Räder bereits überfällig sind

`Es handelt sich dabei um ein E-Bike und ein Rennrad.`

- Man soll den Radtyp der überfälligen Räder erkennen

`Zusätzlich zu den beiden überfälligen Rädern müssen heute noch neun weitere Rad-Services abgeschlossen werden.`

- Man soll erkennen, wie viele Rad-Services heute noch abzuschließen sind

`Bei drei der heute geplanten Räder handelt es sich um Mountainbikes, vier sind Rennräder und zwei Trekking-Bikes.`

- Man soll den Radtyp der für heute geplanten Rädererkennen

- Man soll die Anzahl der unterschiedlichen, für heute geplanten Räder sehen

Wie zuvor erwähnt, nehmen unsere Szenarios keine genauen grafischen Lösungen vorweg und sagen nicht, ob die Räder nun zum Beispiel in einer Liste oder einer Kachelansicht dargestellt werden. Das Szenario verrät auch nicht, ob die Radtypen mit Abkürzungen, Farben oder Icons gekennzeichnet sind. Das Szenario beschreibt lediglich den idealen Ablauf der Interaktion eines Anwenders, ohne dabei die Lösung im Detail zu beschreiben. Wie genau die Lösung aussehen wird, ist schließlich das Ergebnis unserer Design-Phase, die im nächsten Kapitel beschrieben wird.

Szenarios für Key User Journeys

Bevor wir zum nächsten Kapitel kommen, möchten wir nur kurz festhalten, dass wir nicht alle Anforderungen in Form von Szenarios beschreiben.

Zu diesen Anforderungen gehören einerseits technische Voraussetzungen, die zwar schon in den Szenarios berücksichtigt werden, jedoch nicht wirklich aus User-Sicht beschrieben werden können, weil sie sozusagen „unter der Haube“ stattfinden, und vom Anwender im Idealfall nicht bemerkt werden. Andererseits gibt es aber auch viele Interaktionen, die Anwender sehr wohl bewusst wahrnehmen, die es aber nicht wert sind, in Szenarios abgehandelt zu werden. Man braucht dabei nur an Aktionen wie das Zurücksetzen eines Passworts zu denken, die oft einfach genug sind, um direkt skizziert und entwickelt zu werden.

Wir versuchen deshalb immer nur die sogenannten „Key User Journeys“ (also die Hauptanwendungsfälle) in unseren

Szenarios abzudecken. Auf diese Weise bekommen wir ein ganzheitliches Verständnis der Situation, welches wir auf keine andere Art (die uns bekannt wäre) bekommen könnten, weil wir sowohl den Kontext als auch die Motivation sowie die detaillierten Abläufe im Zusammenhang mit den wichtigsten Interaktionen vollständig nachvollziehen und verstehen können.

An dieser Stelle sei außerdem erwähnt, dass die Key User Journeys idealerweise natürlich auf tatsächlichem Nutzungsverhalten beruhen und nicht nur die Ideen und Hoffnungen der Geschäftsführung widerspiegeln. Und wie zuvor erwähnt, tun wir alles, um Projekte zu Beginn in Frage zu stellen (weil es später immer teurer wird, Fehler zu beseitigen), doch selbst wenn Szenarios auf keiner echten User-Recherche basieren, so sind sie dennoch ein extrem effektives Werkzeug, um alle Stakeholder auf eine Linie zu bringen und zielgerichtet mit dem Design der Lösung fortzufahren.

Neben dem Storytelling-Aspekt von Szenarios ist es vor allem ihre Form, die sie so nützlich macht. Denn da Szenarios nur Geschichten in Textform sind, lassen sie sich sehr schnell anpassen, was das Einarbeiten von Änderungsvorschlägen einfach macht und wir somit das Feedback aller Stakeholder aufnehmen können. Und dafür lieben wir Szenarios, weil sie uns dabei helfen, Fehler noch innerhalb der Analyse-Phase zu identifizieren und zu beseitigen, bevor wir mit dem eigentlichen Design beginnen.

10. SKIZZEN UND PROTOTYPEN

Sobald wir die Szenarios der Key User Journeys mit unseren Auftraggebern abgestimmt haben, beginnen wir damit, erste Skizzen zu erstellen und testfähige Prototypen zu bauen (wozu wir testfähige Prototypen bauen, erfährst du in Kapitel 11 – Testen und überarbeiten).

Eine Skizze ist dann richtig gut, wenn man sie schnell und einfach erstellen und wieder verwerfen kann. Das größte Problem liegt dabei darin, zu viel Liebe ins Detail zu stecken, und dadurch Gefahr zu laufen, das große Ganze aus den Augen zu verlieren. Außerdem baut man auf diese Weise eine besondere Beziehung zu seinen Skizzen auf, die es später schwer macht, wieder loszulassen und Skizzen zu verwerfen, die sich als Fehler herausgestellt haben. Doch genau das ist in dieser Phase wichtig, denn auch wenn die Anfangsanalyse vorbei ist, so ist es dennoch nie wieder billiger, Fehler zu finden und zu beseitigen, als während der Entwicklung erster Skizzen.

Was du brauchst, um Skizzen zu erstellen:

- Ein Verständnis des zu lösenden Problems (idealerweise basierend auf User-Recherche und dargestellt in Form von Szenarios)
- Papier (weil das Erstellen von Skizzen endlich die Gelegenheit bietet, einmal nicht den ganzen Tag vor dem Bildschirm zu sitzen)
- Den dicksten Stift, den du finden kannst (damit du gar nicht in die Versuchung kommen kannst, irgendwelche Details zu zeichnen)

Erste Skizzen haben nicht den Anspruch, schön zu sein. Ganz im Gegenteil, erste Skizzen sind oft so hässlich, dass man sie gar niemandem zeigen möchte und lieber schönere Versionen der immer gleichen Lösung zeichnen würde, welche man schließlich ruhigen Gewissens präsentieren kann. Doch das wäre völlige Zeitverschwendung, da erste Skizzen einzig und allein den Zweck erfüllen, Ideen zu visualisieren, um die vielversprechendste Idee auszuwählen und schließlich Zeit und Energie in die Entwicklung dieser Idee zu investieren.

Anstatt also möglichst *schöne* Skizzen zu zeichnen, versuchen wir, möglichst *viele* unterschiedliche Ideen zu skizzieren. Eine gute Übung dafür lautet, ein Blatt Papier so lange in der Mitte zu falten, bis man acht gleich große Rechtecke erhält, in welche man schließlich acht verschiedene Lösungen für ein und denselben Teil eines Szenarios zeichnet. Und wenn man dann noch einen Timer auf fünf Minuten stellt, bekommt man spätestens jetzt ein Gefühl dafür, dass es in dieser Phase vor allem um Quantität und nicht um Qualität geht.

Skizzen müssen nicht selbsterklärend sein und es genügt vollkommen, wenn man anhand erster Skizzen verschiedene Ideen einfach beschreiben kann. Wichtig ist nur, dass man möglichst viele Ideen zur Auswahl hat, denn bevor wir uns um die richtige Umsetzung einer Idee kümmern, müssen wir erst herausfinden, ob es sich dabei um die richtige Idee handelt.

Skizzen, um die richtige Idee zu finden

Dieser Schritt wurde inspiriert von Bill Buxtons *Sketching the User Experience* Buch und dessen Untertitel „Getting the Design Right and the Right Design". Wie Buxton eindeutig zeigt, bringt es nichts, eine Design-Idee richtig umzusetzen (Getting the Design Right), wenn man noch nicht einmal weiß, ob es sich dabei überhaupt um die richtige Idee handelt (Getting the Right Design). Und selbst wenn man nicht mit Sicherheit sagen kann, ob man bereits die richtige Idee gefunden hat, so sollte man keinesfalls bei der ersten Idee hängen bleiben, da diese meist nicht wirklich gut ist.

Stattdessen kann man diese Phase als eine Art Entdeckungsreise sehen, und sich dabei völlig losgelöst von irgendwelchen Details einfach von einer Idee zur nächsten bewegen, um einen Überblick der verschiedenen Lösungsmöglichkeiten eines Problems zu bekommen. Man kann sogar sagen, dass es gar nicht darum geht, die beste Idee zu finden, sondern erst einmal genügt, möglichst viele schlechte Ideen zu verwerfen. Und dafür muss man diese Ideen ausprobieren, was wiederum am einfachsten und effizientesten geht, wenn man schnelle Skizzen erstellt und diese mit seinen Kollegen und Auftraggebern bespricht.

Idealerweise arbeitet man bei der Erstellung erster Skizzen nicht alleine, sondern im Team. Und sobald man ein Szenario als Grundlage hat, ist es auch ganz einfach, im Team zu skizzieren. Als wir damals etwa das Szenario für die Mechaniker vor uns liegen hatten, sind wir zu viert am Tisch gesessen und haben einfach einen Timer auf fünf Minuten gestellt, um unsere ersten Ideen zu zeichnen und anschließend in der Gruppe zu präsentieren. Auf diese Weise konnten wir unsere eigenen Ideen vorstellen, wir konnten uns von den Ideen der anderen inspirieren lassen, und vor allem konnten wir schrittweise erforschen, welche der entdeckten Ideen das meiste Potential hatte, um tatsächlich umgesetzt zu werden.

Prototypen, um die Idee richtig umsetzen

Nachdem wir die Übung mit dem Timer etwa drei bis vier Mal durchgeführt hatten und uns zwischendurch gegenseitig unsere Lösungsansätze präsentierten, kamen wir langsam, aber sicher zu einer Design-Idee, von der wir alle dachten, dass sie das Problem am besten lösen könnte. Und da es sich bei dieser Design-Idee trotz all unserer Recherche immer noch um eine Hypothese handelt, müssen wir unsere Idee so schnell wie möglich mit echten Menschen testen, um herauszufinden, ob es sich überhaupt lohnt, weiter daran zu arbeiten oder doch lieber eine andere Idee zu verfolgen. Und genau dafür bauen wir testfähige Prototypen.

Im Gegensatz zu Skizzen müssen Prototypen sehr wohl selbsterklärend sein. Der Grund dafür ist, dass wir Prototypen bauen, um sie in Usability-Tests mit potentiellen Anwendern zu testen und basierend auf den Erkenntnissen dieser Tests laufend zu verbessern. Und bevor du im nächsten Teil erfährst, wie genau diese Tests ablaufen (weil du dann automatisch weißt, wie Prototypen aussehen müssen), wollen wir hier nur kurz eine Adaption einer Grafik aus *Sketching the User Experience* zeigen, um die Unterschiede zwischen Skizzen und Prototypen klarzumachen:

Skizze	⟵⟶	**Prototyp**
einbringen	⟵⟶	beschreiben
erforschen	⟵⟶	verfeinern
hinterfragen	⟵⟶	beantworten
vorschlagen	⟵⟶	überprüfen
provozieren	⟵⟶	beschließen
zögerlich	⟵⟶	bestimmt

Der entscheidende Unterschied zwischen Skizzen und Prototypen ist aber folgender: Bei Skizzen genügt es, Text nur anzudeuten, bei Prototypen müssen wir hingegen richtigen Text schreiben, denn nur dann können wir diese mit echten Menschen testen und überarbeiten.

Beispiel vom Unterschied zwischen Skizze und Prototyp; vor allem was Zickzack-Text und echten Text betrifft (Links: Skizze; Rechts: Prototyp)

11. TESTEN UND ÜBERARBEITEN

Sobald wir so weit sind, dass wir mit dem Testen und Überarbeiten eines Prototypen beginnen können, sind wir einerseits fast am Ende unseres UX-Prozesses angelangt, andererseits geht es aber jetzt erst richtig los. Das liegt daran, dass wir möglichst schnell zu einem ersten testfähigen Prototyp kommen wollen, und da unsere Recherche-Phase ohnehin kein Ende hat, lassen wir uns auch nicht zurückhalten, wenn wir im Vorfeld keine umfassende User-Recherche durchführen konnten.

Was sich im ersten Moment nach einem Widerspruch anhört und so wirkt, als würden wir unseren eigenen Prozess nicht befolgen, hat natürlich einen Grund. Da wir wollen, dass UX in der Praxis wirklich funktioniert, bestehen wir nämlich nicht darauf, eine vollständige User-Recherche vorab durchzuführen (weil das meist zu lange dauert), stattdessen bauen wir einfach einen ersten Prototyp, den wir so schnell wie möglich mit potentiellen Anwendern testen. Und auf diese Weise können wir nicht nur unsere Lösung schrittweise überarbeiten und verbessern, sondern wir können diese Tests auch dafür nutzen, unsere User-Interviews nachzuholen.

User-Testing-Interviews

Wir haben gelernt, dass Menschen dabei zu beobachten, wie sie die eigene Lösung verwenden, die einfachste und effektivste Methode ist, um diese Lösung zu verbessern. Der korrekte Fachbegriff dafür lautet Usability-Testing oder User-Testing.

In diesen Tests gibt man jemandem eine konkrete Aufgabe, legt ihm oder ihr einen Prototyp oder ein fertiges Produkt vor, und beobachtet die Testperson dabei, wie sie versucht, diese Aufgabe durchzuführen. Dabei fordert man die Tester auf, laut mitzudenken – zu sagen, was ihnen durch den Kopf geht – und entdeckt dabei nicht nur Fehler, sondern versteht auch das *Warum* hinter den Problemen der unterschiedlichen Tester. Diese Methode ist tatsächlich so effektiv, dass wir sie nicht nur in unseren UX-Projekten anwenden, sondern auch unseren zuvor erwähnten Service Userbrain entwickelt haben, damit jedes Design- oder Entwicklungsteam User-Testing schnell, einfach und kostengünstig in den eigenen Prozess integrieren kann.

Users-Tests gibt es mittlerweile in allen möglichen Formen und Ausführungen und wir sparen uns an dieser Stelle die Auflistung und Beschreibung der gängigsten Varianten. Stattdessen erklären wir einfach kurz, wie wir die Tests erster Prototypen mit User-Interviews kombinieren, um einerseits unser Design zu verbessern, und andererseits mehr über die Menschen zu erfahren, für die wir damit ein Problem lösen sollen.

Ein Beispiel:

Unser erstes User-Testing-Interview hat sich eigentlich zufällig ergeben. Damals hatten wir einen Prototyp für eine Konzern-Software entwickelt, und da wir im Vorfeld nur ein, zwei User-Interviews geführt hatten, wollten wir diesen Prototyp unbedingt so schnell wie möglich mit echten Anwendern testen. Unser Ziel war es, herauszufinden, was wir an unserem Prototyp verbessern können, um schrittweise zu einer richtig guten Lösung zu kommen. Doch bereits der erste User-Test offenbarte, dass unser Prototyp weit mehr als nur ein paar Verbesserungen nötig haben würde, um eine richtig gute Lösung darzustellen. Aber alles schön der Reihe nach.

Nachdem wir begonnen hatten, Skizzen einer möglichen Lösung zu zeichnen, haben wir damals entschieden, sehr schnell einen testfähigen Prototyp zu entwickeln. Testfähig heißt in erster Linie, dass wir echten Text im Prototyp verwenden, damit wir unser Design jemandem vorlegen und Fragen stellen können wie …

- Worum glaubst du handelt es sich hier?
- Was glaubst du kann man mit diesem Prototypen tun?
- Für wen könnte dieser Prototyp gedacht sein?
- Was fällt dir besonders auf?
- …

Wir haben also die erste Seite unseres Prototyps dem ersten Tester vorgelegt und seine Antworten auf unsere Fragen angehört. Außerdem hatten wir eine Handvoll Testaufgaben vorbereitet und den Prototyp so weit entwickelt, dass er die einzelnen Seiten zeigte, welche man zur Erledigung dieser Aufgaben benötigen würde. Insgesamt hatte unser Prototyp mehr als 80 Einzelseiten, auf denen sämtliche Interaktionen abgebildet waren, die wir testen wollten. Denn wie gesagt, wir dachten ja, dass es nur darum gehen würde, den Prototyp zu verbessern, und dafür wollten wir natürlich sämtliche Interaktionen im Detail durchspielen.

Als wir unserem ersten Tester schließlich die erste richtige Aufgabe vorlegten, um ihn dabei zu beobachten, wie er diese lösen würde, zeigte sich, dass wir bereits viel zu viel Arbeit in unseren Prototyp gesteckt hatten. Außerdem stellte sich heraus, dass unser Prototyp ganz grundsätzliche Schwächen hatte, die ein Testen der einzelnen Interaktionen im Detail völlig unnötig machten. Und als wir das bemerkten, haben wir aus dem User-Test ein User-Interview gemacht – sozusagen ein User-Testing-Interview.

Anstatt also wie in einem klassischen User-Test weiterzumachen und die einzelnen Testaufgaben durchzugehen, haben wir stattdessen einfach ein paar Fragen gestellt, die wir so ähnlich auch in User-Interviews stellen würden:

- Wenn du darüber nachdenkst, wann du das zuletzt gemacht hast, hast du damals diese Funktion benötigt?
- Kannst du uns bitte beschreiben, was genau du beim letzten Mal tun musstest?
- Fehlt dir aktuell irgendeine wichtige Funktion, die du brauchen würdest, um dieses Problem zu lösen?
- Lass uns vielleicht gar nicht über Funktionen sprechen; erzähl uns lieber mehr über das Problem. Warum ist es eigentlich wichtig, dieses Problem zu lösen?
- …

Und plötzlich befinden wir uns in einem User-Interview und sozusagen in der Recherche. Das bedeutet also, dass wir beim Testen eines Prototyps nicht nur herausfinden können, wie richtig unsere Umsetzung der Idee bereits ist, sondern auch feststellen können, ob wir überhaupt an der richtigen Idee arbeiten. Und in unserem Fall hat sich herausgestellt, dass die Idee nicht wirklich richtig war.

Aus diesem Fehler haben wir damals aber schnell gelernt, und anstatt einen neuen Prototyp mit 80 Seiten zu bauen, haben wir einfach eine Handvoll Seiten vorbereitet und sind damit in unser nächstes User-Testing-Interview gegangen. Etwa fünf Prototypen und Interview-Tests später hatten wir nicht nur unsere Recherche nachgeholt, sondern außerdem einen Prototyp entworfen, der es wert war, weiterentwickelt zu werden. Und am Ende kam tatsächlich ein Prototyp mit über 100 Seiten heraus – doch diesmal stellten wir vorab sicher, dass es sich auch auszahlen würde, diesen Prototyp so weit zu entwickeln.

Ein paar Worte zum Überarbeiten

Wie das gerade beschriebene Beispiel klarmachen dürfte, geht es beim Überarbeiten darum, möglichst schnell neue Erkenntnisse in den Prototyp einfließen zu lassen und dann sofort wieder zu testen. Je mehr Testschleifen man durchführt, desto besser wird das Endprodukt. Punkt.

Manchmal macht es Sinn (vor allem in frühen Phasen) Prototypen komplett zu verwerfen und von vorne zu beginnen. Sobald man jedoch eine grundsätzliche Lösung gefunden hat, die man weiterentwickeln möchte, sollte man sein Vorgehen drastisch ändern. Anstatt also große und aufwendige Umbauten am Prototyp vorzunehmen, kann man sich einfach an Steve Krugs Vorschlag aus *Rocket Surgery Made Easy* halten:

„Jetzt kommt das Wichtigste, das ich im Laufe der Jahre über das Beheben von Fehlern, die man in Usability-Tests entdeckt hat, gelernt habe: Versuche beim Beheben von Fehlern immer so wenig wie möglich zu tun."[5]

Das bedeutet, dass man sich ständig die Frage stellt, welches die kleinste und einfachste Änderung ist, die Leute davon abhalten könnte, ein beobachtetes Problem zu erleben. Warum? Weil man jede Änderung erneut testen muss, um sicherzustellen, dass man die Lösung nicht nur verändert, sondern tatsächlich auch verbessert hat. Und je kleiner die Änderungen ausfallen, desto einfacher und schneller kann man seine Prototypen wieder testen.

Und obwohl wir unsere Prototypen so oft wie möglich testen und überarbeiten wollen, gibt es eine Sache, die wir noch lieber tun. Nämlich eine minimale Lösung entwickeln, die wir nicht nur intern testen, sondern tatsächlich als Produkt auf den Markt bringen können.

12. DIE MINIMALE LÖSUNG

Als wir Ende 2014 unseren Service Userbrain veröffentlicht haben, war dieses Vorgehen stark vom Lean Startup Movement und speziell der Idee eines „Minimum Viable Products“ inspiriert.

*„Ein **Minimum Viable Product** (MVP) ist die Version eines neuen Produkts, die es dem Team erlaubt, mit minimalem Aufwand die maximale Menge an bestätigten Erkenntnissen über Kunden zu sammeln.“* [6]

Wir werden in Teil 3 noch mehr über Minimum Viable Products sprechen und am Ende dieses Kapitels auch erklären, welche Rolle MVPs in unserem UX-Prozess spielen. Bevor wir das jedoch tun, möchten wir kurz die Geschichte unseres MVPs für Userbrain erzählen, damit du dir vorstellen kannst, wie so etwas in der Praxis aussehen kann.

Wie erwähnt, haben wir Userbrain damals innerhalb einer einzigen Woche entwickelt und veröffentlicht. Der Hauptgrund dafür war, dass wir nur etwa eine Woche Zeit hatten, bis unsere nächsten Aufträge wieder losgingen, und da wir schon seit Jahren darüber gesprochen hatten, dass wir irgendwann ein eigenes Produkt entwickeln möchten, dachten wir, dass wir diese Woche dafür nutzen könnten.

Die Idee zu Userbrain ist ursprünglich aus unseren eigenen UX-Projekten entstanden. Irgendwann haben wir gemerkt, dass wir bei Weitem nicht so viele User-Tests durchführen, wie wir eigentlich sollten. Das war doppelt bitter, da wir gleichzeitig herumgelaufen sind und unseren Auftraggebern und Studenten immer wieder gepredigt haben, wie wichtig es doch wäre, die eigenen Lösungen regelmäßig mit echten Menschen zu testen. Und da wir es irgendwann leid waren, ständig Wasser zu predigen und selbst Wein zu trinken, sind wir zum Schluss gekommen, dass wir dieses Problem endlich lösen müssen.

Unsere Lösung war ein Service, für den man sich als Kunde online anmelden kann, um schließlich jede Woche neue User-Tests der eigenen Website (oder auch einer Konkurrenzseite oder eben von Prototypen) zu erhalten. Das Prinzip ist relativ einfach und unsere Userbrain-Tester müssen dafür nur ihre Bildschirme und Stimmen aufzeichnen, während sie die Produkte unserer Kunden testen. Auf diese Weise entstehen regelmäßig neue User-Testing-Videos, die wir schließlich an unsere Kunden schicken.

Das augenscheinliche Problem unserer Lösung war jedoch, dass wir sie nicht einfach so umsetzen konnten. Wir brauchten erst einmal einen Pool von User-Testern, dann brauchten wir für diese User-Tester natürlich entsprechende Tools, mit denen sie ihre Tests aufnehmen konnten, und schließlich brauchten wir noch ein System, um diese Videos zu verwalten. Das alles vorzubereiten, hätte wohl eher ein Jahr als eine Woche gedauert, und so waren wir gezwungen, kreativ zu werden ...

Anstatt darüber nachzudenken, was alles notwendig wäre, um unsere Vision von Userbrain zu verwirklichen, haben wir uns einfach die Frage gestellt, was wir unbedingt brauchen, um am Ende der Woche eine minimale Lösung veröffentlichen können. Und als wir mehr darüber nachdachten, kamen wir zum Schluss, dass wir in Wahrheit nur eine Marketingseite brauchen, auf der wir die Idee des Produkts beschreiben. Außerdem mussten wir noch eine Möglichkeit haben, damit sich potentielle Kunden anmelden und Geld auf unser Konto überweisen konnten. Warum? Weil wir nur sicherstellen konnten, dass wir mit Userbrain ein Problem lösen, das es wert ist, gelöst zu werden, wenn jemand tatsächlich bereit war Geld dafür zu bezahlen.

So kam es, dass wir am Ende der Woche eine einfache Marketing-Website online hatten. Die Seite war sehr überschaubar (es war tatsächlich nur eine einzige Seite) und abgesehen von einer kurzen Beschreibung des Problems und davon, wie Userbrain dieses Problem lösen würde, gab es noch die Möglichkeit sich anzumelden und ein monatliches Abonnement abzuschließen. Und als wir einen kurzen Blog-Artikel darüber, warum Userbrain anders ist als andere User-Testing-Services veröffentlicht und auf ein, zwei Plattformen beworben hatten, geschah etwas, das wir zwar gehofft, doch nicht wirklich erwartet hatten. Innerhalb weniger Stunden meldeten sich die ersten Userbrain-Kunden an und begannen damit uns monatlich Geld zu überweisen.

Wir wussten jetzt also, dass wir mit Userbrain ein Problem lösten, das es offensichtlich wert war gelöst zu werden. Und da wir eben noch keine Tester hatten und auch keine Tools zur Verfügung stellen konnten, mit denen sie ihre Testvideos aufzeichnen konnten, mussten wir diese Probleme als Nächstes lösen. Wir haben dazu anfangs auf Online-Plattformen Inserate geschalten, in denen wir nach Menschen gesucht haben, die ihren Bildschirm und ihre Stimme aufzeichnen konnten. Als sich die ersten potentiellen Tester meldeten, haben wir ihnen einfach die Websites und Aufgabenstellungen unserer Kunden zukommen lassen und sie bezahlt, sobald sie uns die fertigen Videos geschickt hatten. Diese Videos haben wir kurz geprüft und anschließend manuell an unsere Kunden weitergeleitet. Und auf diese Weise haben wir die nächsten Wochen und Monate damit verbracht, unsere Vision von Userbrain langsam aber sicher umzusetzen.

Welche Rolle minimale Lösungen in unserem UX-Prozess spielen

Wie bereits öfter erwähnt, ist Fehler zu machen, die einzige

Möglichkeit etwas Neues zu lernen. Und wenn du dir unseren UX-Prozess noch einmal vor Augen führst, wirst du sehen, dass es vor allem darum geht, Fehler so früh wie möglich zu machen, um einerseits unnötige Kosten zu vermeiden und andererseits aus diesen Fehlern zu lernen und unsere Lösungen laufend zu verbessern.

Ein weiterer Grund für minimale Lösungen ist, dass keine Recherche-Phase – wenn sie auch noch so gewissenhaft geplant und durchgeführt wird – das Problem detailliert genug beschreiben kann, um sämtliche Fehler bereits vorab zu identifizieren und dadurch zu vermeiden. Nicht umsonst sprechen wir also davon, dass unsere Recherche niemals endet, was einerseits bedeutet, dass wir nicht auf den Abschluss unserer User-Interviews warten müssen, bis wir mit der Entwicklung unserer Lösung beginnen können. Andererseits hat dies aber auch zur Folge, dass wir unbedingt mit den Leuten sprechen müssen, die sich für unsere minimale Lösung interessieren. Das ist aber auch das wunderbare an minimalen Lösungen beziehungsweise Minimal Viable Products, den sobald sie einmal veröffentlicht sind, ist es sehr einfach, an potentielle Kunden (oder sogar echte Kunden) zu kommen, um unsere Interviews zu führen. Und wie man sich vorstellen kann, ist es natürlich sehr viel wertvoller, die Wahrnehmungen und Wunschvorstellungen echter Kunden zu erfahren, anstatt etwa potentielle Interviewpartner anhand demographischer oder psychographischer Merkmale zu suchen.

Um die Rolle von minimalen Lösungen in unserem UX-Prozess zu erklären, müssen wir schließlich nur noch klarmachen, dass unser Prozess vor allem von einem lebt: Iterationen.

*„**Iteration** (von lat. iterare ‚wiederholen') beschreibt allgemein einen Prozess mehrfachen Wiederholens gleicher oder ähnlicher Handlungen zur Annäherung an eine Lösung oder ein bestimmtes Ziel.“*[7]

Das heißt, dass wir unseren UX-Prozess nicht nur einmal vom ersten bis zum letzten Schritt durchgehen, sondern stattdessen versuchen, den gesamten Prozess so oft wie möglich zu durchlaufen. Das hat natürlich zur Folge, dass die minmale Lösung nicht als Endergebnis gesehen werden kann, sondern viel mehr als Zwischenschritt, um darauf basierend die nächste Iteration durchzuführen.

Und das ist es im Grunde genommen. Klar könnten wir unseren Prozess noch detaillierter beschreiben (vielleicht machen wir das auch in einem zweiten Buch), aber die Quintessenz sollte auf diesen Seiten klargeworden sein. Du solltest gesehen haben, wir wir einerseits Probleme entdecken und andererseits Lösungen entwickeln, und somit kommen wir jetzt zum dritten und letzten Teil, in dem wir darüber schreiben, warum Produkte scheitern, und was man dagegen tun kann.

TEIL 3: WARUM PRODUKTE SCHEITERN (UND WAS MAN DAGEGEN TUN KANN)

Du hast nun einen Prozess kennen gelernt, mit dem du Produkte entwickeln kannst, die Probleme lösen, die es tatsächlich wert sind, gelöst zu werden. Wenn dieser Prozess so einfach ist, um in einem kleinen Buch beschrieben zu werden, wieso gibt es dann so viele Produkte, die komplett an den Ansprüchen der Benutzer vorbei entwickelt werden und in weiterer Folge auch daran zerbrechen?

In diesem Kapitel lernst du die häufigsten Gründe für das Scheitern von Produkten kennen – und wie du dich selbst davor schützen kannst, um nicht dieselben Fehler zu machen.

13. FANTASIEVORSTELLUNGEN

“Build it, and they will absolutely do nothing.”
– Start-up-Weisheit

Jedes zweite Unternehmen scheitert, weil es ein Produkt entwickelt, das niemand braucht.[8] Oder anders gesagt, jedes zweite Unternehmen geht daran zugrunde, ein Problem zu lösen, das es außerhalb der eigenen vier Wände einfach nicht gibt. Ein Problem, das es somit gar nicht wert gewesen wäre gelöst zu werden. Und trotzdem sterben jährlich Tausende Unternehmen einen qualvollen Tod, der mit ein wenig mehr Realitätsbezug vielleicht zu vermeiden gewesen wäre.

Die smarte Saftpresse mit einem dummen Fehler

Ein Beispiel für ein solches Schicksal ist die intelligente Saftpresse von Juicero. Juicero ist der Name des ambitionierten Start-ups, das mit „der smarten Saftpresse der Zukunft“ den Weltmarkt erobern wollte.

Diese Saftpresse um knapp 500€ benötigt zwingend eine 2,4Ghz-Verbindung zu einem Drahtlosnetzwerk und ist somit auch ständig online. Für die Ersteinrichtung wird eine App vorausgesetzt. Dafür presst die smarte Presse dann deine Säfte mit über 3.500 Kilogramm Druck aus. Damit noch nicht genug, denn die Maschine presst deine Säfte nicht aus frischem Obst. Das Obst kommt in vorportionierten Päckchen, die du um 7€ pro Stück als monatlichen Service bei Juicero bestellen kannst.

Das Ganze funktioniert dann folgendermaßen: Vorportioniertes Päckchen mit dem Obst oben rein, Deckel zu, Knopf drücken, Saft unten raus. Vorausgesetzt, das Gerät ist mit dem Internet verbunden. Hat dein Router mal keinen Saft, gibt’s nämlich auch keinen für dich.

Die smarte Saftpresse von Juicero hat Investoren überzeugt, mehr als 120 Millionen Dollar Kapital in dieses Unternehmen zu investieren. Vor Marktstart, versteht sich. Kurz vor dem Release des Produkts durften diese Investoren dann zum ersten Mal ihre Maschine verwenden und die Enttäuschung war groß. Wie sich herausgestellt hat, ging nämlich das Auspressen der vorportionierten Beutel mit der Hand um einiges schneller als das Pressen mit der teuren High-Tech-Maschine. Das Resultat war dabei in beiden Fällen das gleiche: gepresster Saft.

Nach einem großen PR-Debakel, einer Rückruf-Aktion für sämtliche Geräte und einer Kündigungswelle von 25% der Belegschaft zählt Juicero mittlerweile zu den 80% der Unternehmen, die mit einem sinnlosen Produkt gescheitert sind. Das Online-Magazin Quartz beschreibt die Situation treffend:

„Startups wie Juicero sind unfähig ihre eigenen Unsinnigkeiten zu erkennen. Gib einem Unternehmen oder einer Person genug Geld und Aufmerksamkeit und kompletter Realitätsverlust geschieht unausweichlich.“[9]

Wieso ist es so schwierig für Unternehmen, die eigenen Absurditäten zu bemerken? Warum werden in Fantasievorstellungen Unmengen an Risiko-Kapitel gesteckt, ohne den kleinsten Ausflug in die Realität außerhalb der eigenen vier Wände zu wagen? Eine Antwort darauf finden wir, wenn wir uns ansehen, wie viele Produkte heute entwickelt werden. Denn am Anfang eines jeden Produktes steht immer die Idee. Und Ideen sind zur inflationären Währung unseres Jahrhunderts geworden. Jedes Unternehmen ist zwanghaft auf der Suche nach ihnen, generiert Tausende Ideen in eigenen Kreativ-Workshops oder Brainstorming-Sessions.

Aber 99% aller Ideen sind bei näherer Betrachtung vor allem eines: wertlos.

Ideen sind wie Drogen

Werbe-Profi Alex Osborn ist verzweifelt: Es muss dringend eine Lösung für diese unproduktiven Meetings her. Sein Job als Marketing-Experte ist es, neue und vor allem kreative Wege für die Vermarktung der Produkte seiner Kunden zu finden. Nur wie soll das gehen, wenn in den Meetings sämtliche Kreativität auf der Strecke bleibt, weil seine Teilnehmer vor lauter Angst, mit einer „schlechten Idee" das Gesicht zu verlieren, die sichere Variante wählen: Sie sagen einfach gar nichts.

Osborn ist auf der Suche nach einer Methode, um diese Ängste abzubauen und endlich einen offenen und kreativen Ideenaustausch in seinen Meetings zu erreichen. Er erarbeitet daher ein Konzept, um zukünftige Meetings produktiver und vor allem kreativer gestalten zu können – eine Methode, die heute unter dem Namen „Brainstorming" weltweiten Ruhm erlangt hat.

In seinem Buch *Your Creative Power* beschreibt er die Methode recht blumig mit einer Kriegsmethapher:

„Brainstorming bedeutet ein Problem im Angriffsmodus zu stürmen, wobei jeder Soldat wagemutig dasselbe Ziel attackiert."[10]

„Brainstorming" ist seither in aller Munde und Unternehmen schicken ihre Mitarbeiter in eigene Kreativworkshops, die wiederuom top-motiviert ihre eigenen Sturmtruppen auf das Schlachtfeld der Ideen entsenden.

Und wie die Soldaten auf dem Schlachtfeld, befindet sich auch unser Gehirn beim Ersinnen neuer Ideen im Ausnahmezustand. Während wir in Workshops über das nächste Uber oder das bessere Facebook nachdenken, feuert unser Gehirn wahre Salven an Botenstoffen ab. Die meisten davon treffen dabei den Nucleus accumbens – besser bekannt als das Belohnungszentrum unseres Gehirns. Das ist der selbe Bereich, der durch Schokolade, Alkohol, Kokain oder schnelle Sportwagen in freudige Ekstase versetzt wird.

Kennst du die Snickers-Werbung – „Du bist nicht du, wenn du hungrig bist"? Nicht nur Hunger macht dich zu einem anderen Menschen. Du bist auch nicht du, wenn du dich auf die Ideensuche machst. Denn durch die Stimulierung deines Nucleus accumbens befindest du dich beim Brainstorming im wahren Ideen-Rausch. Typische – und vollkommen erwünschte – Folgen dieses Rauschzustandes sind dabei:

- Erhöhte Kreativität
- Abbau von Spannungen
- Emotionalere Grundhaltung
- Erhöhtes Selbstbewusstsein

Wie jede berauschende Droge hat aber auch das Brainstorming Nebenwirkungen. Folgende Dinge passieren mit dir ebenfalls im Ideen-Rausch:

- Verstärkte irrationale Handlungsimpulse
- Übersteigerte Risikofreudigkeit
- Kritiktaubheit

Versteh uns nicht falsch – wir möchten niemandem davon abraten, sich Gedanken zu machen oder neue Ideen zu entwickeln. Du solltest dir aber über gewisse Verhaltensmuster bewusst sein, die automatisch in deinem Körper ablaufen, wenn du das nächste Mal über zukünftige Produkte oder Dienstleistungen nachdenkst. Denn das hilft dir dabei, kein Opfer deiner eigenen Fantasievorstellungen zu werden.

Diese drei Dinge solltest du unbedingt über Ideen wissen, die in gemeinsamen Brainstorming- Sessions entstehen:

1. Deine Idee ist ziemlich sicher nicht so gut, wie du selbst denkst. (Übersteigertes Selbstbewusstsein)
2. Weil die Idee von dir selbst ist, wirst du beinahe unempfänglich für Kritik von außen. (Kritiktaubheit)
3. In einer Gruppe hast du das Bedürfnis, deine eigene Idee zu verteidigen, auch wenn du ehrlicherweise schon weißt, dass sie nichts taugt. (Verstärkte irrationale Handlungsimpulse)

Wir möchten dir damit jetzt auf keinen Fall die nächsten Kreativ-Sessions vermiesen. Worum es uns geht, ist, ein besseres Bewusstsein für das eigene Verhalten zu entwickeln. Warum? Weil wir unbedingt aufpassen müssen, nicht schon in der Auswahl der *perfekten Idee* Opfer unserer eigenen Fantasievorstellungen zu werden. Denn der Erfolg für ein Produkt liegt nicht ausschließlich darin, möglichst viele Ideen zu verfolgen. Erfolg liegt darin, möglichst viele deiner Ideen wieder loslassen zu können.

Ideen zu haben ist nicht schlecht – wenn du auch weißt, wie man sie wieder loslässt.

In unserer Sketching und Prototyping-Phase versuchen wir möglichst viele Ideen zu generieren und 99% davon sofort wieder zu verwerfen. Wenn du das nicht tust, setzt sich eine der ersten Ideen in deinem Kopf fest, und du denkst immer und immer wieder über die gleiche Lösung nach. Deshalb muss diese Idee raus aus dem Kopf und – im Falle von Sketching –

schnell auf das Papier. Loszulassen macht den Kopf frei für weitere Ideen.

Und Ideen loszulassen, ist verdammt schwierig. Eine Erklärung dafür findet sich in der Psychologie.

Warum es so weh tut miese Ideen loszulassen

In einem Experiment in den frühen 80ern bildete Daniel Kahnemann zwei Gruppen aus Rechtswissenschafts-Studenten der Cornell Universität. [11] Studenten in der ersten Gruppe bekamen eine Tasse, die zweite Gruppe ging leer aus. Nun sollten Studenten der ersten Gruppe auf einem Zettel notieren, um wie viel sie bereit wären, ihre Tasse wieder zu verkaufen. Studenten ohne Becher wurden gebeten, niederzuschreiben, um wie viel sie eine der Tassen kaufen würden.

Die Auswertung zeigte, dass Studenten, die eine Tasse als Geschenk erhielten, im Durchschnitt bereit gewesen wären, diese für $7,12 wieder zu verkaufen. Studenten ohne Tasse waren im Gegensatz dazu nur bereit, weniger als die Hälfte dafür zu bezahlen – im Durchschnitt $2,87.

Wie kommt es dazu, dass die Preise für eine Tasse, die erst wenige Minuten davor den Besitzer gewechselt hat, um mehr als das Doppelte auseinander lagen?

Für die Studenten mit Becher war es bereits ihr Eigentum – wenn auch erst seit wenigen Minuten. Und Dinge, die man bereits besitzt, gibt man einfach sehr ungern wieder her. Dieses Phänomen nennt sich „Besitztums-Effekt“ und wurde über die Jahre in zahlreichen Studien immer und immer wieder bestätigt. Er besagt, dass wir Dingen, die uns gehören, einen höheren Wert geben, als sie in der Realität hätten. Dieser Besitztumseffekt ist der Grund, warum es uns schwer fällt unsere Aktien wieder zu verkaufen, obwohl es mit ihnen eigentlich nur mehr bergab geht. Warum es uns schwer fällt, in der Sketching-Übung mehr als eine Lösung zu erarbeiten. Und warum wir Ideen, die uns selbst gekommen sind, einen weitaus höheren Wert geben, als sie vielleicht in der Realität tatsächlich haben.

Interessant wird es dann, wenn wir nicht eine eigene Fantasie-Idee verfolgen, sondern gleich mit der Umsetzung beginnen. Stellen wir uns nun vor, du arbeitest an der Benutzeroberfläche einer neuen Software für Mechaniker. Für diese Aufgabe gibt es verschiedene Ideen und du entscheidest dich für eine Tablet-App, die es den Mechanikern erlaubt, jederzeit mobil und beim aktuellen Arbeitsplatz auf die Software zuzugreifen. Du beginnst gleich damit, die Oberfläche zu gestalten, Navigationspunkte, Farbe und Form und Icons festzulegen. (Wenn du die ersten beiden Teile des Buches aufmerksam gelesen hast, wirst du spätestens jetzt verschreckt aufschreien, da dies ein denkbar schlechter Start für ein solches Projekt ist.)

Wie reagierst du darauf, wenn dir jemand nach 14 Tagen Arbeit erklärt, dass die Mechaniker in der Werkstatt ölverschmierte Handschuhe tragen und ihnen somit die Bedienung eines Touchscreens nur sehr schwer möglich ist? Deine Motivation, grundsätzliche Entscheidung in Frage zu stellen und somit große Umbauten durchzuführen, wird mit jedem Tag, den du bereits in deine Lösung gesteckt hast, verschwindend geringer. Denn niemand macht gern Arbeit, die umsonst ist.

Du bist nur empfänglich für Kritik von außen, wenn du noch nicht voll investiert bist. Du also noch keine Millionen Aktien erworben, die Tasse noch nicht gekauft und noch keine 250 Stunden in dein Projekt gesteckt hast. Genau aus diesem Grund sieht unser Prozess vor, sich (negativem) Feedback in einer möglichst frühen Phase des Projekts auszusetzen. In einer Phase, in der das Investment noch gering und daher der Wille zur Fehlerbehebung noch hoch ist. Je weiter das Projekt vorangeschritten ist, desto schwieriger wird es, Kritik zuzulassen, da wir uns sehr schwertun, diese auch anzunehmen.

Uns fällt es also aus zwei Gründen sehr schwer, unsere eigenen Fantasie-Ideen wieder zu verwerfen:

1. Weil wir Dingen, die uns gehören, mehr Wert geben, als sie tatsächlich haben.
2. Weil wir Dingen, mit denen wir viel Zeit verbracht haben, mehr Wert geben, als sie tatsächlich haben.

Deshalb ist es für uns meist leichter, uns in unsere Fantasie-Welt zurückzuziehen und wohldosierte Ignoranz gegenüber unserer Außenwelt zu üben, als uns der Kritik von außen zu stellen. Und Ignoranz gegenüber der Realität endet zumindest in der Produktentwicklung meist tödlich.

Es ist also sehr leicht, mit unseren eigenen Vorstellungen daneben zu liegen. Wir sind bei der Ideenfindung nicht wir selbst, nicht im vollen Besitz unser geistigen Kräfte. Unser Gehirn läuft während der Produktentwicklung gewissermaßen auf Autopilot und belohnt uns am laufenden Band für unsere großartigen Lösungen – so schlecht sie in Wirklichkeit auch manchmal sind. Benebelt spinnen wir Ideen für Produkte, die geschützt im Kokon der Fantasie entwickelt und niemals hinterfragt werden.

Und wenn wir tatsächlich einmal mit der Realität konfrontiert werden, sind wir bereits zu investiert um diese anzuerkennen und verharren eher im Stillstand als loszulassen. So viel zur Ursache der Produktentwicklung im Reich der Fantasie.

Die drei tödlichsten Fantasievorstellungen

Wie äußert sich dieses Verhalten nun ganz konkret? Mit den folgenden drei Fantasievorstellungen werden wir bei unseren Projekten am häufigsten konfroniert:

1. Fantasievorstellung: „Wir lösen ein gravierendes Problem."
2. Fantasievorstellung: „Unser Problem hat jeder."
3. Fantasievorstellung: „Technisch gesehen ist das ganz einfach umzusetzen."

Wieso gerade diese Fehleinschätzungen so tödlich sind?

- Ein Produkt, das ein Problem löst, das es nicht gibt, wird scheitern.
- Ein Produkt, das zwar ein gravierendes Problem löst, welches aber zu wenige Menschen betrifft, wird scheitern.
- Ein Produkt, das ein gravierendes Problem für viele Menschen löst, aber in der Umsetzung zu aufwendig ist, wird scheitern.

Kurz: Ein Produkt, das ein Problem löst, welches einfach nicht wert ist, gelöst zu werden, wird scheitern. Unser iterativer UX-Prozess hilft dir dabei, denn er liefert Antworten auf die drei wichtigsten Fragen:

1. Löst unser Produkt ein Problem, das es tatsächlich gibt? (Erfährst du in deiner Recherche-Phase durch User-Interviews)
2. Löst unser Produkt ein Problem, das auch eine große Anzahl von Menschen hat? (Erfährst du durch Anmeldungen für dein erstes Minimal Viable Product)
3. Wie minimieren wir das Risiko in der Umsetzung? (Schaffst du durch eine iterative Arbeitsweise, die darauf ausgelegt ist, möglichst früh Fehler zu machen und gleich zu beheben)

Wie stellst du also sicher, dass dein Produkt oder deine Dienstleistung sich nicht zum Fantasy-Roman mit dramatischem Ausgang entwickelt? Beständige Auseinandersetzung mit der Realität ist das beste Mittel dazu.

Wir haben in diesem Buch schon viele Methoden vorgestellt, die in unterschiedlichsten Phasen des Projekts dabei helfen, sich kontinuierlichem Feedback von außen auszusetzen und dieses auch laufend in den eigenen Entwicklungsprozess einzubeziehen. Dieses Feedback ist der Grundpfeiler, um nicht an deinen eigenen Fantasievorstellungen zu scheitern.

14. SELBSTÜBERSCHÄTZUNG

„Fliege nicht zu nah an die Sonne,
aber auch nicht zu tief über das Meer.“
– Ovid: Metamorphosen (Dädalus und Ikarus)

Als über 3.000 Unternehmer nach den Erfolgschancen für ihr eigenes Start-up gefragt wurden, meinten über 80%, dass die Wahrscheinlichkeit für Erfolg bei ihrem Unternehmen bei über 70% liege. Ein Drittel aller Befragten war gar davon überzeugt, dass ihre eigenen Erfolgschancen satte 100% betragen. Ähnlichen Firmen ihrer Branche gaben die befragten Unternehmer dabei nur eine durchschnittliche Überlebensrate von etwas über 50%.[12] Diese Schätzungen entbehren natürlich jeglicher Logik. Denn wie wir im letzten Kapitel erfahren haben, liegt das Risiko, mit einem neuen Produkt oder einer Dienstleistung zu scheitern, bei 80% und mehr.

Übrigens sind anderen Studien zufolge Unternehmer von dieser Selbstüberschätzung nicht nur betroffen, wenn sie die eigenen Erfolgsaussichten bewerten sollten. Verglichen mit anderen Menschen schätzen Unternehmer selbst die eigene Lebenszeit um einiges zu optimistisch ein.[13]

Selbstüberschätzung ist nicht nur ein persönliches Problem. Denn wir treffen schlechte Entscheidungen, wenn wir uns selbst oder unsere Situation überschätzen. Und diese Entscheidungen haben oft dramatische Folgen für unser Umfeld. Selbstüberschätzung macht uns blind für die Realität und ist daher ein weiterer Grund, weshalb viele Produkte und Dienstleistungen scheitern.

Selbstvertrauen ist gut, Selbstüberschätzung weniger

Hohes Selbstvertrauen wird in unserer heutigen Gesellschaft überwiegend als positive Eigenschaft gesehen. Wir erwarten von Politikern, Ärzten oder anderen Menschen in Führungspositionen, dass sie ihre Kompetenz auch über ein entsprechendes selbstsicheres Auftreten unter Beweis stellen. Oder würdest du dir von einem Arzt die Niere entfernen lassen, der im Aufklärungsgespräch den Eindruck hinterlässt, als würde er an seinen eigenen Fähigkeiten zweifeln? Wir wollen in solchen Situationen vertrauen können. Und hohes Selbstvertrauen strahlt Kompetenz aus – Kompetenz in die andere Menschen ihr Vertrauen setzen können.

Doch es ist eine Gratwanderung zwischen gesundem Selbstvertrauen und blinder Selbstüberschätzung. Und nirgendwo hat diese Gratwanderung so fatale Folgen, wie an den Finanzmärkten.

Von Bankern und Bananen

Investment-Banker werden dafür bezahlt, an der Börse zur richtigen Zeit die richtigen Entscheidungen zu treffen. Konkret geht es darum, den Markt zu beobachten und zum richtigen Zeitpunkt die richtigen Wertpapier zu kaufen, verkaufen oder auch einfach nur zu halten. Wir vertrauen also auf den Einblick von Profis in die komplexen Regeln der Finanzwelt und hoffen, durch deren Entscheidungen unser Geld möglichst gewinnbringend und – selbstverständlich – verlustfrei anzulegen. Interessant wird es aber dann, wenn wir diese Investmentprofis gegen eine Horde Affen auf dem Börsenparkett zocken lassen.

Im Experiment der CAAS Business School ließen Wissenschaftler in einer Simulation virtuelle Affengehirne gegen echte

Börsenmakler antreten.[14] Die virtuelle Affenhorde entschied dabei nach dem Zufallsprinzip, welche Aktien in ihrem Portfolio landeten. Die Börsenexperten arbeiteten dagegen mit der Analyse von komplexen Charts und Berechnungen und wählten die Aktien aufgrund ihrer jahrelangen Expertise aus. Das Ergebnis war sehr ernüchternd. Die Aktien-Auswahl der Experten führte nämlich zu einer erheblich schlechteren Performance als das Wertpapier-Portfolio der Affen. Oder anders gesagt – der Zufall führte zu höheren Gewinnen als Kompetenz und Erfahrung der Börsianer.

Und so oft wir unsere eigene Kompetenz und Erfahrung überschätzen, so oft unterschätzen wir gleichzeitig den Einfluss einer anderen entscheidenden Größe in der Produktentwicklung: der Zeit.

Der Planungsfehlschluss

Das Opernhaus in Sydney hat durch seine markante Form weltweiten Ruhm erlangt und zieht jährlich Millionen Touristen an die australische Ostküste. Mindestens gleich spektakulär wie die Dachform des Gebäudes ist auch dessen Entstehungsgeschichte. Im Rahmen einer internationalen Ausschreibung suchte Sydney im Jahre 1957 nach einem perfekten öffentlichen Gebäude, das als zukünftige Ikone für die Hafenstadt gedacht war. Die Ausschreibung sah eine Fertigstellung bis zum Jahr 1963 und ein strenges Budget von weniger als 7 Millionen Dollar vor.

Nach einer 10-jährigen Projektverzögerung öffnete die Oper von Sydney schließlich 1973 die Pforten. Mit realen Baukosten von über 100 Millionen Dollar – einer Budgetüberschreitung von mehr als 1.400% – und einer Bauverzögerung von 10 Jahren hat sich die Oper den ersten Platz in der Geschichte der Planungsfehler im Projektmanagement gesichert.

Die Oper von Sydney ist dabei bei Weitem kein Einzelfall. In seinem Buch *Schnelles Denken, langsames Denken* beschreibt Daniel Kahnemann noch weitere Auswüchse eines Phänomens, das er „Planungsfehlschluss" nennt:

„Amos und ich prägten den Begriff ‚Planungsfehlschluss' (planning fallacy), um Pläne und Prognosen zu beschreiben, die optimalen Szenarien unrealistisch nahekommen [...]"
– Daniel Kahnemann, Schnelles Denken, langsames Denken

Auf der Liste von Kahnemanns Horrorgeschichten finden sich vor allem weitere Bauprojekte, die beispielsweise statt veranschlagten 40 Millionen Budget 431 Millionen kosteten oder Eisenbahn-Neubauten, die trotz Jahrzehnten an Erfahrung Budgetüberschreitungen von durchschnittlich 45% oder mehr verursachten. Der Grund dafür ist immer derselbe:

Wir unterschätzen massiv, wie viel Zeit wir für die Erledigung von neuen Aufgaben brauchen.

Wir gehen für unsere überoptimistischen Schätzungen dabei oft vom absoluten Best-Case-Szenario aus – einem Fall, der in der Realität so gut wie nie eintreten wird.

Interessant dabei: Der Fehlschluss beeinflusst nur Vorhersagen über eigene Aufgaben. Wenn außenstehende Beobachter die Zeit bis zur Fertigstellung einer Aufgabe voraussagen, sind die Prognosen eher pessimistisch und liegen um einiges näher an der Realität.

„Wenn ich eine Aufwandsschätzung sehe, füge ich dem Datum

der Fertigstellung ein Jahr hinzu und multipliziere die erwarteten Einnahmen mit 0,1.“
– Silicon-Valley-Autor und Speaker Guy Kawasaki

Selbstüberschätzung der eigenen Fähigkeiten und Unterschätzung der benötigten Zeit für neue, komplexe Aufgaben sind der Grund, warum Softwareprojekte zu spät an den Start gehen und Millionen an Entwicklungskosten verschlingen oder Produkte es gar nicht bis zur Veröffentlichung schaffen. Dabei gilt: Je mehr Technologie involviert ist, desto größer die Komplexität in der Entwicklung und desto größer auch das Potential, mit den eigenen Annahmen falsch zu liegen.

Wir gehen vom überoptimistischsten Szenario für unsere Planung aus, welches in Realität nie eintritt und gar keine Fehlerquellen vorsieht. Fehler passieren aber zwangsläufig und sind gerade in der Produktentwicklung unvermeidbar. Es ist nur die Frage, wann wir sie machen, und vor allem, wie wir damit umgehen.

Das beste Heilmittel gegen Selbstüberschätzung

Im Laufe von knapp 10 Jahren User-Experience-Consulting haben sich unsere Präsentationen für Kunden sehr gewandelt. Lediglich eine Folie haben wir nie ausgetauscht und die Geschichte dahinter erzählen wir seither in jedem Erstgespräch. Darin geht es um die relativen Kosten der Fehlerbehebung. Die Daten dahinter gehen auf eine Studie der NASA zurück, die sich die realen Kosten für die Behebung von auftretenden Problemen im gesamten Entwicklungsprozess analysiert hat und die Kosten für die Behebung von Problemen auf einzelne Projektphasen übertragen hat. Die Learnings daraus: Ein Fehler, der in frühen Projektphasen wie der Analyse oder dem Design gemacht und behoben wird, kann in Relation um das 1000-Fache billiger zu beheben sein als ein Problem, das erst im laufenden Betrieb auftaucht.

Die Botschaft an unsere Kunden: Fehler passieren zwangsläufig (sogar bei der NASA) und wenn wir sie möglichst rasch machen, sparen wir damit einen Haufen Geld. Fehler helfen uns dabei, unsere Einschätzungen zu korrigieren. Und genau das ist am effektivsten, wenn die Kosten zur Fehlerbehebung gering und die Learnings daraus hoch sind. Kurz gesagt: Wir müssen es nicht nur zulassen, Fehler zu machen, sondern auch bereit sein, daraus zu lernen.

Der gesamte UX-Prozess basiert auf einem kontinuierlichen Testen und Validieren und ist somit das beste Hausmittel gegen verblendete Selbstüberschätzung. Ein netter Nebeneffekt: Durch laufendes User-Testing deiner Arbeit findest du nicht nur möglichst früh Probleme, die unerkannt bei erst späterer Behebung erhebliche Kosten verursacht hätten. Bei jedem Test lernst du nicht nur etwas über dein Produkt, sondern baust Empathie zu deinen Nutzern auf.

Und häufig Fehler zu machen und Empathie mit deinen Nutzern aufzubauen sind das perfekte Hausmittel, um dein Ego in Demut zu üben und nicht an tödlicher Selbstüberschätzung zu scheitern.

15. PERFEKTIONISMUS

„Perfektion ist nicht dann erreicht, wenn es nichts mehr hinzuzufügen gibt, sondern wenn man nichts mehr weglassen kann.“
– Antoine de Saint-Exupéry, Der kleine Prinz

Im alten Ägypten wurde ein Architekt mit dem Bau der Pyramide seines Pharaos beauftragt. Da der Pharao beim Volk sehr beliebt war, sollte die Pyramide den hohen Ansprüchen des Herrschers gerecht werden und natürlich auch rechtzeitig vor seinem Tode fertig gestellt sein.

Voller Tatendrang und dankbar für diesen ehrenhaften Auftrag machte sich der Architekt ans Werk. Akribisch berechnete er gemeinsam mit seinem Team an Experten alle notwendigen Eckpunkte zur Errichtung einer perfekten, herrschaftliche Pyramide. Es wurden Prognosen für die Lebenserwartung des Pharaos aufgestellt, benötigtes Baumaterial und Arbeiter geplant und selbst die erwarteten Wetterbedingungen der kommenden Jahre in die Bauplanung einbezogen. Nach Jahren akribischer Planung konnte der Bau dann endlich beginnen.

Zwei Jahre nach Baubeginn fiel der Pharao von seinem Kamel und starb. Geschockt musste der Architekt dabei zusehen, wie sein geliebter Herrscher in diesem flachen Bau beerdigt wurde:

Pyramide 1

Für unseren Architekten war der Anblick des halbfertigen Bauwerks das Letzte, was er in seinem Leben sah.

Die Dinge nahmen ihren Lauf und der Sohn des Pharaos kam an die Macht. Geprägt von dieser Schmach entwickelte er einen Plan, um zu verhindern, dass ihm dasselbe Schicksal widerfahren könnte wie seinem Vater. Nach einer kurzen Besprechung mit dem neuen Architekten begann dieser sofort mit dem Bau der Pyramide für den jungen Pharao. Mit jedem Jahr, das der Pharao älter wurde, wuchs auch seine Pyramide und stand trotzdem zu jedem Zeitpunkt einer prachtvollen Beerdigung zur Verfügung:

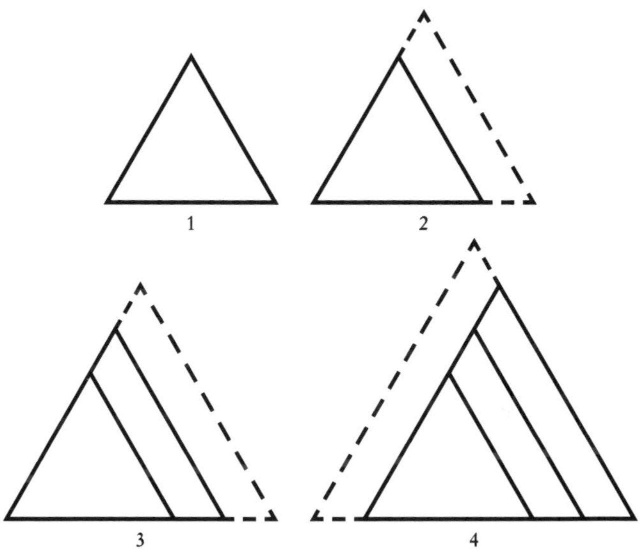

Pyramide 2

Und nicht nur das: Durch die laufende Arbeit an der Pyramide lernte das gesamte Team des Pharaos jedes Jahr Neues über Bautechniken, Materialien oder noch genauere Berechnungen der Statik. Die Pyramide wurde so jedes Jahr nicht nur größer, sondern auch besser.

Unser Pharao lebte so ein langes, erfülltes Leben und wurde im prachtvollsten und innovativsten Bauwerk beerdigt, welches das alte Ägypten bis zu diesem Zeitpunkt hervorgebracht hat.

Eine schöne Geschichte, oder? Und bevor du dir jetzt denkst: „Was zur Hölle hat das alte Ägypten mit User Experience zu tun?" – gleich kommt die Antwort. Lass uns dich davor nur noch kurz auf einen sehr wichtigen Unterschied aufmerksam machen:

Perfektionismus ≠ Perfektion

Der perfektionistische Ansatz des ersten Architekten in der Planung brachte ihm am Schluss den Tod. Bitte versteh uns nicht falsch – das soll keine Entschuldigung dafür sein, gar nicht zu planen und sich blindlings in die Umsetzung zu stürzen. (Siehe „Kapitel 2: Was ist wirklich das Problem?").

Aber bei jedem Projekt kommt es früher oder später zu Unvorhergesehenem. Und bei technologielastigen Projekten ist dies eher früher als später der Fall – Technologie ist schrecklich komplex und fehleranfällig. Wir haben in den letzten 10 Jahren kein Softwareprojekt betreut, das nicht zumindest einmal seine (vernünftig geplante) Deadline verschieben musste.

Perfektionismus hat dabei nichts mit dem eigenen Anspruch an Perfektion zu tun. Es ist gut, auf die richtigen Details acht zu geben und keine halbfertigen Dinge abzuliefern. Perfektion ist gut und schützt dich vor miserablen Lösungen. Es ist der Perfektionismus, der dir Probleme macht. Aufgrund deines eigenen Perfektionismus ...

- … planst du, beginnst aber nicht.
- … arbeitest du, kommst aber nicht vorwärts.

Perfektionismus führt zu Prokrastination. Und Prokrastination führt zur Paralyse.

Der Perfektionismus-Killer

„Ja, das ist ja alles ganz nett, aber wir denken hier in vollkommen anderen Größen." Der CEO des Start-ups, das uns gerufen hat, um die „User Experience eines revolutionären Produkts sicherzustellen", wirkt bereits nach der ersten Folie unserer Präsentation nervös und ablehnend. Das ist neu für uns und passiert uns bei unseren Folien normalerweise nicht. Wir achten nämlich sehr genau darauf, die Inhalte unserer Präsentationen möglichst gut auf unser Publikum abzustimmen.

„Wir haben große Investoren hinter uns und gehen sicher nicht mit etwas Halbfertigem an die Öffentlichkeit. Wir launchen unser Produkt groß und weltweit. Anzeigen in Tageszeitungen, Zeitschriften, Online-Werbung, das ganze Programm. Der perfekt inszenierte Launch für ein perfektes Produkt", fährt er fort. Ich sehe zustimmendes Nicken in den Reihen der Marketing- und Sales-Mitarbeiter. Zugegeben, das Team, welches er an diesem Vormittag in den gemeinsamen Meeting-Raum in Graz eingeflogen hat, ist äußerst respektabel. Wir ernten einen erwartungsvollen Seitenblick des äußerst elegant gekleideten Italieners, der sich in der Vorstellungsrunde als Marketing-Partner von Andrea Bocelli, Lionel Richie oder Giorgio Armani präsentiert hat.

„Vollkommen richtig!", versuchen wir auf seinen Widerspruch einzugehen. „Aber genau mit diesem Vorgehen minimieren wir unser Risiko, am Ende mit etwas Halbfertigem dazustehen.

Einem Produkt, das vielleicht nicht nur unfertig ist, sondern im schlimmsten Fall auch von niemandem gebraucht wird.“ Wir berufen uns auf die Folie mit der allerersten Landing-Page von Userbrain hinter uns. „Diese Landing-Page war in 30 Minuten fertig gebaut. Nur das Produkt-Versprechen und ein einziges Feld zum Eintragen der E-Mail-Adresse. Ein erstes kleines Experiment. Können wir jemanden mit diesem Produkt-Versprechen genug überzeugen, uns zumindest seine E-Mail-Adresse anzuvertrauen? Wenn ja, großartig – lasst uns herausfinden, welche Leute wir mit diesem Versprechen ansprechen und von ihnen lernen. Wir lernen so bereits nach 30 Minuten etwas über unsere Zielgruppe und nicht erst in einem Jahr, wenn diese zufällig die erste Anzeige in ihrem Lieblingsmagazin entdeckt. Und wenn sich mit unserer ersten Landing-Page niemand überzeugen lässt? Zurück an den Start und lasst uns herausfinden, warum das so ist und was wir ändern müssen. In dieser Phase sind Fehler nämlich noch verhältnismäßig billig. Billig zu machen und billig zu beseitigen.“

Wir versuchten den Workshop-Teilnehmern in den nächsten zwei Stunden nochmals zu verdeutlichen, dass es beim „Minimal Viable Product“ nicht darum geht, ein minderwertiges Produkt zu veröffentlichen. Es geht darum, mit minimalem Aufwand ein tatsächliches Problem zu finden, das es auch wert ist, gelöst zu werden. Einen kleinen Baustein zu schaffen, der für die Menschen einen tatsächlichen Wert besitzt, weil er ihren Job vereinfacht. Im Falle dieses Start-ups sah unsere vorgestellte Strategie vor, möglichst schnell mit einer kleinen Landing-Page an die Öffentlichkeit zu gehen, um das Produktversprechen einem ersten Reality-Check zu unterziehen. An die Kontakte, die wir mit dieser Landing-Page sammelten, sollte automatisiert eine Kundenumfrage versandt werden, die uns helfen würde, einerseits mehr über die Menschen zu lernen, die sich auf unserer kleinen Seite anmelden, und andererseits Gesprächspartner für unsere User-Interviews zu finden. Wenn sich die Hypothese unseres Kunden bewahrheitet, würden wir unter den Anmeldungen vor allem E-Mail-Adressen von Agenturen und deren Mitarbeitern finden, da das Produkt genau diese Zielgruppe ansprechen sollte. Würde es uns nicht gelingen, diese Leute mit dem Produktversprechen auf der Landing-Page zu überzeugen, uns zumindest ihre E-Mail-Adresse preiszugeben, würde eine weltweite Marketingkampagne wohl auch sehr traurig ausfallen.

„Was wir euch hier zeigen, ist keine simple Landing-Page. Es ist der Anfang eines Prozesses des kontinuierlichen Lernens, der es uns erlaubt, unser Produkt gemeinsam *mit* unseren zukünftigen Benutzern zu entwickeln, anstatt an ihnen vorbei. Denn nur wenn wir unsere Benutzer verstehen, können wir auch die für sie perfekte Benutzererfahrung gestalten", versuchten wir (schon etwas verzweifelt) die Anwesenden von der Sinnhaftigkeit dieses Vorgehens zu überzeugen. Wir würden diese ersten Kontakte, die uns die Landing-Page lieferte, auch für qualitative Interviews nutzen, um mehr über die Motivationen, Frustrationen und Ziele der Menschen zu erfahren, die unser Produkt in Zukunft verwenden sollten. Diese Kontakte wären extrem wertvoll und würden uns das gesamte Projekt zur Verfügung stehen. Für Interviews und später für erste Usability-Tests unserer Prototypen. Aber auch für Marketingaktionen beim Launch. Die Laune des CEO hat sich auch nach 2 Stunden Crash-Kurs in eine benutzerorientierte Arbeitsweise nicht gebessert. „Schön und gut. Ein solches Vorgehen zahlt sich aus, wenn die Ressourcen sehr begrenzt sind. Aber wir bauen hier kein Produkt mit minimalen Mitteln, das völlig am Markt vorbei geht. Dieses Risiko sehe ich einfach nicht. Ich bin selbst seit Jahren in diesem Bereich tätig und weiß, wie unsere Kunden ticken. Wir arbeiten an einem sehr innovativen Service, das es bislang auch noch nicht gibt, und ich will unserer Konkurrenz keine Möglichkeit geben, schon zu Beginn zu wissen, was wir hier vorhaben. Unser Anspruch ist die Marktherrschaft und ich bin überzeugt, dass wir mit unserem Team von Technik, Sales,

Marketing und UX unsere zukünftigen Kunden mit einem großartigen Produkt überraschen werden. Wir gehen online, wenn wir so weit sind, und verschrecken niemanden mit halbgaren Lösungen."

Einige Jahre sind seit diesem Workshop vergangen. Das Start-up ist mittlerweile Geschichte und trägt seinen kleinen Teil zur Bewahrheitung der 80%-Fehlerquote bei. Gescheitert am eigenen Anspruch keine „halbgaren" Lösungen zu liefern und stattdessen einen perfekt inszenierten Produkt-Launch pompös zu zelebrieren.

Die große Illusion des Launches

Es ist besser als Weihnachten und um einiges aufregender als der eigene Geburtstag: das eigene Produkt endlich der Öffentlichkeit zu präsentieren. Die eigenen Maßstäbe für einen solchen Produkt-Launch sind inspiriert von perfekt inszenierten Präsentationen wie von Apple, die bereits Monate vor der Veranstaltung die Presse in Wallungen versetzen und in einem Feuerwerk der Euphorie die neueste Technologie präsentieren. Oder in den Worten unseres Start-up-CEO: „Der perfekt inszenierte Launch für ein perfektes Produkt."

In Retrospektive war genau diese Erwartungshaltung einer der Gründe für das Scheitern dieses Start-ups. Im Detail finden sich auf unserer Liste des Scheiterns:

1. Der Markt und die Zielgruppe verhielten sich komplett anders als erwartet: Agenturen waren schlicht die falsche Zielgruppe.
2. Die Produktentwicklung war um einiges komplexer und zeitaufwendiger, als ursprünglich gedacht: Es flossen Unsummen in die Programmierung eines Tools, ohne

vorher sicherzustellen, dass das Produkt den Anforderungen des Marktes entspricht.

Kurz: Fantasievorstellung gepaart mit Selbstüberschätzung – kennen wir bereits aus den letzten Kapiteln. Interessant ist hier aber im Speziellen eine neue Komponente:

3. Durch einen externen Investor konnte man viel Zeit und Geld in eine sehr aufwendige Produktentwicklung stecken, ohne der Notwendigkeit, möglichst früh für einen positiven Cashflow zu sorgen.

Start-ups ohne Investor können sich eine solch lange Phase der Produktentwicklung miest schlicht und einfach nicht leisten und müssen zwangsläufig früh mit ihrem Produkt auf den Markt, um zumindest die laufenden Kosten zu decken. Dieser frühe Launch heißt gleichzeitig auch, sich bereits früh mit der Realität des Marktes auseinanderzusetzen und früh von seinen Benutzern zu lernen. Ein großer Vorteil gegenüber Unternehmen, die sich durch einen externen Geldgeber diesem Druck nicht aussetzen (müssen) und so zwangsläufig in die Versuchung geraten, in der Isolation der eigenen vier Wände ein vermeintlich perfektes Produkt für den perfekten Launch zu entwickeln.

Durch den eigenen Perfektionismus bei der Produktentwicklung verschob sich bei unserem Start-up immer wieder der Zeitpunkt des Launches. Beliebte geflügelte Sätze zu dieser Zeit?

- So können wir absolut nicht online gehen!
- Wir sind noch nicht ganz fertig.
- Es hängt noch bei Feature X/Technologie Y.

Dieser Perfektionismus führt zwangsläufig zu Prokrastination. Und Prokrastination führt zur Paralyse. Statt perfekt zu launchen, launchst du gar nicht. Oder viel zu spät, wenn wertvolle Ressourcen bereits in die Entwicklung von wunderschönen Features geflossen sind – die am Ende doch niemand verwenden wollte.

Der Weg ist das Ziel

Dein Ziel sollte somit nicht der strapazierfähige Zeitpunkt des Launches sein, sondern dein Produkt möglichst früh Feedback von außen auszusetzen. Was heißt möglichst früh? Wir schockieren unsere Kunden in Start-up-Workshops meist mit der Vorstellung, innerhalb weniger Stunden oder zumindest weniger Tage einen ersten Prototyp ihrer Lösung fertig und testbereit zu haben.

„Wenn du dich für die erste Version deines Produktes nicht schämst, dann hast du sie zu spät veröffentlicht.“
– Reid Hoffmann, Gründer von Linkedin

Dieses Vorgehen zwingt dich dazu, deine Prioritäten zu setzen, um in möglichst kurzer Zeit ein funktionierendes kleines Produkt zu entwickeln. Nicht perfekt, aber so weit funktional um es – inspiriert durch Feedback von außen – weiterzuentwickeln. Innerhalb dieser Rapid-Prototyping-Zyklen gibt es keine Zeit für Perfektionismus; Ziel sind maximale Learnings mit minimalem Aufwand.

Unsere Kunden sind immer wieder überrascht, wie schnell sich mit einem solchen Arbeitsprozess erste Ergebnisse erzielen lassen und – vor allem – wie massiv sich die Produktentwicklung dabei noch beschleunigen lässt.

Wenn die Vorteile, klein zu starten und den Perfektionismus durch schnelles Prototyping zu verdammen, auf der Hand liegen, wieso tun es dann so wenige? Hier haben wir die häufigsten Argumente gegen einen frühen Launch mit einer kleinen ersten Version des Produktes gesammelt:

„Ich habe einen gewissen Qualitätsanspruch." Oder: Ich habe Angst, dass ich meine Kunden mit Lösungen von minderwertiger Qualität verschrecke und dadurch mein hart aufgebautes Vertrauen in mein Produkt oder meine Dienstleistung verliere.

Es geht beim MVP nicht darum, Qualität zu opfern, sondern Qualität vor Quantität zu stellen. Eine extrem kleine und fokussierte Lösung ist schneller herzustellen und hat durch diesen Fokus sogar ein geringeres Fehlerpotential, als mit dem Komplettpaket zu starten.

Kurz gesagt, die Qualität einer kleinen ersten fokussierten Lösung ist deutlich höher als die Qualität eines „perfekten Produkts", das neben allen Features auf deiner Liste auch jede Menge Fehler beinhaltet.

„Damit verschrecke ich meine Kunden." Immer wieder haben wir mit den Sorgen unserer Auftraggeber zu kämpfen, wir würden durch Kunden-Interviews oder Usability-Tests die eigenen (potentiellen) Kunden vergraulen. Abgeschreckt durch ein unfertiges Produkt voller Fehler, würden diese es dann nach dem Launch sicher nicht mehr kaufen.

Wie hast du dich gefühlt, als dir jemand das letzte Mal für über eine Stunde aufmerksam zugehört hat? Oder wie dich jemand nach deinem ehrlichen Feedback zu seinem neuen Projekt gefragt und sich dabei sogar noch laufend Notizen gemacht hat? Das war richtig schrecklich, oder? Aber jetzt mal im Ernst:

Menschen fühlen sich umso mehr wertgeschätzt, umso höher ihre eigene Rolle im Produktentwicklungsprozess ist. Das gilt für Stakeholder wie für Kunden deines Produkts gleichermaßen. Du verschreckst also niemanden, wenn du ihn in die Produktentwicklung einbeziehst – auch (oder vor allem) wenn dein Produkt noch große Schwächen hat, die in einer nächsten Version dann behoben sind.

Viele der Kunden, die wir in unseren User-Interviews oder User-Tests kennenlernen, werden durch diese Wertschätzung auch zu sehr loyalen Fans der Produkte unserer Kunden.

„Ich mache keine halbfertigen Sachen." Die Idee des „Minimal Viable Products" – ist ein *minimales, aber fertiges Produkt.*

Die user-zentrierte Produktentwicklung ist somit keine Entschuldigung für unfertige Produkte. Im Gegenteil, wir gehen mit einer kleinen, aber funktionalen Lösung an den Start, um diese mit Hilfe von User-Feedback laufend weiterzuentwickeln.

„Wir bauen ohnehin nur eine kleine, erste Version." Tust du nicht. Denn entweder deine kleine, erste Version ist von Haus aus das, was wir als Version 25 bezeichnen. (Siehe Kapitel 14: Selbstüberschätzung) oder du siehst zu Beginn wirklich eine kleine, erste Version, kommst aber im Laufe des Projekts immer wieder in Versuchung, deine Definition von „klein" mit der Entwicklung neuer Funktionen zu erweitern.

Schneller Realitäts-Check: Kannst du deine kleine, erste Version innerhalb von wenigen Tagen fertigstellen? Nein? Dann zurück an deine Definition von „kleiner Version".

„Das funktioniert vielleicht bei Start-ups – bei uns gelten andere Regeln." Nein. Bei dir gelten die gleichen Regeln für die Entwicklung von erfolgreichen Produkten wie für alle anderen. Auch wenn du es vielleicht nicht wahrhaben willst.

(Sollte das der Fall sein, empfehlen wir dir nochmals Kapitel 14: Selbstüberschätzung.)

16. KAPITULATION

„Erfolg ist die Fähigkeit, von einem Misserfolg zum anderen zu gehen, ohne seine Begeisterung zu verlieren.“
– Winston Churchill

Im Jahre 1878 war Thomas Edison weder der erste, noch der einzige Mensch, der sich an die Herstellung eines elektrischen Leuchtmittels machte. Historiker haben mittlerweile mehr als zwanzig andere Erfinder ausfindig gemacht, die bereits vor Edison in der Lage waren, Licht durch glühende Materialien zu erzeugen. So gelang es dem deutschen Uhrmacher Heinrich Göbels bereits 20 Jahre davor, eine Bambusfaser innerhalb einer Glühlampe zum Leuchten zu bringen. Die Idee der Glühbirne war also keinesfalls neu. Trotzdem hatte Göbels Pech im jahrelangen Rechtsstreit um die Urheberschaft: Er ließ sich seine Erfindung nicht patentieren. Etwas, das Edison nicht verabsäumte und ihm nicht nur zu weltweitem Ruhm, sondern auch zu großem Reichtum verhalf.

Neben diesem strategischen Weitblick und seiner wirtschaftlichen Kompetenz verdankte Edison den Erfolg seiner revolutionären Idee aber vor allem einem: Durchhaltevermögen.

Das perfekte Material für den Glühfaden (Kohlefaden, Kupfer oder doch Bambus) in der perfekten Form (gerade, gebogen oder gezwirbelt?) mit der perfekten Fadendicke (sehr dünn, mittel oder dick?) zu finden, gestaltete sich nämlich alles andere als einfach. Edison erinnert sich:

„Bevor ich zur schlussendlichen Lösung gelangte, testete ich mehr als als 6.000 Varianten von Gemüsen und habe die gesamte Welt auf der Suche nach dem perfekten Material für ein Filament auf den Kopf gestellt. […] Ich war nie entmutigt oder

verlor die Hoffnung – etwas, das ich von meinen Mitarbeitern nicht behaupten kann.“

Selbst nach Tausenden weiteren Fehlschlägen, den perfekten Glühfaden für eine marktreife Glühbirne zu entwickeln, meinte Edison:

„Ich bin nicht gescheitert. Ich kenne jetzt über 10.000 Wege, wie man keine Glühbirne baut.“

Die „New Edison Lamp“, für die Edison am 27. Januar 1880 das Patent Nummer 223.890 erhielt, war das Produkt von unermüdlichem Testen, Lernen und Optimieren, sowie Edisons Ausdauer, Tausende Fehlschläge ohne Ermutigung auszusitzen.

Ist also konsequentes Durchhaltevermögen das Geheimnis erfolgreicher Produkte und Dienstleistungen? Leider ist die Rechnung nicht so einfach.

Kapitulation als letzter Ausweg

In den letzten Kapiteln haben wir viele Geschichten des Scheiterns kennen gelernt. Die genauen Gründe des Scheiterns waren dabei sehr vielfältig, hatten aber eines gemeinsam: Irgendwann kam der Zeitpunkt der Kapitulation.

„Die meisten Unternehmen scheitern, weil der Gründer aufgibt. […] Die Gründer geben auf, und das Unternehmen zerbricht daran.“
– Auren Hoffman, CEO von LifeRamp

Wir alle kennen dieses Gefühl, wenn bei unserem Projekt auf einmal nichts mehr weitergeht. Wir fühlen uns auswegs- und hoffnungslos und verharren oft einfach in Bewegungslosigkeit, anstatt die Situation durch neue Lösungsansätze von einer anderen Seite anzupacken.

Unsere Hoffnungslosigkeit führt zur Paralyse und diese Paralyse führt in weiterer Folge zur Kapitulation. Eine Kapitulation, an der sehr viele Produkte und Dienstleistungen zugrunde gehen. Auch Produkte, die ein Problem lösen, das es tatsächlich wert gewesen wäre, gelöst zu werden.

Wann sich Kapitulation lohnt – und wann eben nicht

Der Boston Marathon hat bereits jahrhunderte lange Tradition und zieht jährlich über 20.000 Marathonläufer in den US-Bundesstaat Massachusetts. Den Streckenrekord hält der Kenianer Geoffrey Kiprono Mutai, der in nur 2:03:02 die vollen 42 Kilometer bewältigte. Er ist damit seit 2011 ungeschlagen. Mit 20.000 Läufern, einer dermaßen starken Konkurrenz und einer anspruchsvollen Strecke lassen sich dabei sehr interessante Daten gewinnen. Es geht dabei um eine Antwort auf die Frage, wann Läufer nach andauernden körperlichen Strapazen die Reißleine ziehen und eine naheliegende Lösung für das Ende ihrer Tortur wählen: aufzugeben.

Sieht man sich an, an welchem Kilometer die Läufer ausscheiden, ergibt sich das Bild einer typischen Gauß'schen Glocke. Nur sehr wenige geben bereits nach den ersten Kilometern auf, ganz wenige gegen Ende hin. Der Großteil bricht zwischen Kilometer 21 und 25 – genau der Mitte der Strecke – weg.

Diese Geschichte haben wir schamlos aus Seth Godins Buch *The Dip* gestohlen. Godin verspricht im Untertitel von *The Dip* zu lehren, wann es sich auszahle, aufzugeben, und wann durchzuhalten die bessere Alternative sei.

Er beschreibt dabei den typischen Verlauf eines neuen Projektes oder Unternehmens:

„Wenn du etwas Neues beginnst, macht das immer Spaß. Im Laufe der nächsten Tage und Wochen, motivieren dich die schnellen Lernerfolge weiterzumachen. Zu Beginn ist es immer einfach dranzubleiben. Und dann erlebst du den ‚Dip'. Der ‚Dip' ist die lange Schufterei zwischen Beginn und Erfolg. Eine lange Schufterei, die tatsächlich eine Abkürzung ist, weil sie dich schneller zum Ziel bringt als jeder andere Weg."
– Seth Godin

Laut Godin hat nahezu niemand das Durchhaltevermögen, durch den „Dip" zu tauchen und dies ist seiner Meinung nach der Hauptgrund, wieso so viele Projekte scheitern.

Aber auch wenn wir ein Problem finden, das es wirklich wert ist, gelöst zu werden, kommt nach dem Verfliegen der ersten Euphorie zwangsläufig der Punkt, an dem es bergab geht. Genau zu diesem Zeitpunkt aufzugeben, ist meist die falsche Entscheidung. Erinnerst du dich an den Namen jenes Bergsteigers, der bei der Erstbesteigung kurz vor dem Gipfel des Everests aufgab? Nein? Das tut auch niemand sonst.

„Gewinner versuchen den ‚Dip' zu finden. Sie wissen, dass mit der Größe des Hindernisses auch die Größe der Belohnung steigt, sobald man daran vorbeikommt. Wenn du den ‚Dip' besiegen kannst, machst du Profit, erhältst Ruhm und langfristige Sicherheit."
– Seth Godin

Geht es nach Godin, liegt der Erfolg der wahren Superstars darin, den ersten Anflug von Kapitulation im „Dip" als Möglichkeit zu sehen, etwas wirklich Außergewöhnliches zu schaffen. Denn das Feld der Mitbewerber wird nach der Mitte nach oben hin immer dünner. Je härter das Spiel wird, desto weniger Spieler verbleiben noch am Feld.

Außergewöhnliche Leistungen sind eine Sache – Godin hat aber noch einen anderen interessanten Tipp auf Lager: zum richtigen Zeitpunkt auszusteigen.

„Es ist eine schlechte Idee aufzugeben wenn du auf den ‚Dip' stößt. Wenn das Problem, das du lösen wolltest, es tatsächlich wert war gelöst zu werden, dann verschwendest du nur deine bereits investierte Zeit solltest du aufgeben. Gib oft genug mitten im ‚Dip' auf, und du wirst zu einem notorischen Versager, der viele Dinge beginnt aber nichts zu Ende bringt."
– Seth Godin

Die richtige Erwartungshaltung

So einfach ist die Lösung also: einfach durchhalten und ein richtiges Problem wählen. Ein etwas platter Rat, oder? Aber es geht auch um die richtige Einstellung, um nicht Opfer der Paralyse zu werden, wenn die Realität trotzdem um einiges härter zuschlägt als gedacht. Die Arbeitsweise im User Experience Design beugt dabei gleich auf mehrere Arten dem Risiko vor, dass dein Produkt zugrunde geht:

1. Durch den engen Kontakt mit deiner Zielgruppe findest du ein Problem, das es tatsächlich wert ist, gelöst zu werden, und kannst dir so einen „Dip" aussuchen, durch den es sich auch durchzutauchen lohnt.
2. Durch die iterative Arbeitsweise und schnelle Test- und Überarbeitungszyklen bleibst du ständig in Bewegung, entdeckst laufend neue Aspekte deines Produkts und bist somit ein schwereres Ziel für die eigene Paralyse.
3. Du entwickelst nicht die perfekte Lösung in Isolation,

sondern erarbeitest kontinuierlich Verbesserungen an einer minimalen ersten Version und minimierst so das Risiko, vor zu wenig zeitlichen Ressourcen oder zu hohen technischen Herausforderungen zu kapitulieren.

Wir gehen bei den Produkten, die wir für unsere Kunden entwickeln, mit der Einstellung an die Arbeit, dass unsere frühen Prototypen beim ersten Kontakt mit Anwendern zerbrechen werden. Unser Ziel ist es, die Dinge zu finden, die nicht funktionieren. Möglichst früh und möglichst oft zu scheitern, ohne dabei zu kapitulieren. Oder frei nach Edison – wir lernen erst Tausende Wege kennen, kein perfektes Produkt zu entwickeln, bevor wir es am Schluss dann tun können. Eine befreiende Einstellung, oder?

ÜBER SIMPLEASE

Als User-Experience-Partner für Unternehmen wie Red Bull, Nokia Siemens oder NXP gestalten wir seit 2009 einfache, verständliche und vor allem nützliche Erlebnisse für die Anwender unser Auftraggeber.

Mit unserem User-Testing-Service Userbrain (`www.userbrain.at`) helfen wir Unternehmen dabei, laufendes User-Feedback in den eigenen Arbeitsprozess zu integrieren. Userbrain ist unter anderem bei Spotify, Lush Cosmetics, Tesla oder Virgin Mobile im Einsatz.

Unser Wissen geben wir auch in praxisnaher Form in Lehrveranstaltungen zu den Themen *User Interface Design*, *User Experience Design* oder *Usability Testing* an mehreren Fachhochschulen und Universitäten weiter.

Mehr über Simplease erfährst du auf `www.simplease.at` und du erreichst uns jederzeit unter `office@simplease.at` oder +43 316 26 76 70.

LITERATUR

In unserer Arbeitsweise haben wir uns stark von anderen Menschen inspirieren lassen. Hier deshalb nochmals die im Buch erwähnte Literatur zusammengefasst, inklusive einiger weiterer Bücher, die uns in den letzten Jahren dabei geholfen haben, unseren eigenen User-Experience-Design-Prozess maßzuschneidern:

- Alan Cooper: *About Face: The Essentials of Interaction Design*
- Bill Buxton: *Sketching the User Experience*
- Dieter Rams: *So wenig Design wie möglich*
- Donald A. Norman: *The Design of Everyday Things*
- Eric Ries: *The Lean Startup*
- Fried/Hansson/Linderman: *Getting Real*
- Gothelf/Seiden: *Applying Lean Principles to Improve User Experience*
- Jake Knapp: *Sprint*
- Jesse James Garrett: *The Elements of User Experience*
- Kim Goodwin: *Designing for the Digital Age*
- Seth Godin: *The Dip*
- Steve Krug: *Don't make me think*
- Steve Krug: *Rocket Surgery made easy*
- Stickdorn/Schneider: *This is Service Design Thinking*
- Tomer Sharon: *It's our Research*

FUSSNOTEN

1. Donald C. Gause, Gerald M. Weinberg: Are Your Lights On? How to Know What The Problem Really Is
2. Wikipedia.de: 5-Why-Methode: https://de.wikipedia.org/wiki/5-Why-Methode
3. NASA: Error Cost Escalation Through the Project Life Cycle, https://ntrs.nasa.gov/archive/nasa/casi.ntrs.nasa.gov/20100036670.pdf
4. Kim Goodwin: Designing for the Digital Age: How to Create Human-Centered Products and Services
5. Steve Krug: Rocket Surgery Made Easy
6. Eric Ries: The Lean Startup
7. Wikipedia.de: Iteration
8. CBInsights: The Top 20 Reasons Startups Fail: https://www.cbinsights.com/research/startup-failure-reasons-top/
9. Quartz: Startups like Juicero are incapable of seeing their own absurdities: https://qz.com/965142/startups-like-juicero-are-incapable-of-seeing-their-own-absurdities/
10. Alex Osborn beschreibt den gesamten Prozess in seinem Buch Your Creative Power.
11. Daniel Kahneman, Jack L. Knetsch, Richard H. Thaler: Experimental Test of the Endowment Effect and the Coase Theorem. online: http://www.uibk.ac.at/economics/bbl/lit_se/lit_se_ss06_papiere/kahneman_knetsch_and_thaler_%281990%29.pdf
12. Cooper et al., *Journal of Business Venturing* 3, 97–108, 1988
13. Rietveld et al.: Living Forever: Entrepreneurial Overconfidence at Older Ages
14. CAAS Business School: Monkeys vs Fund managers - An evaluation of alternative equity indices

39199285R00063

Printed in Poland
by Amazon Fulfillment
Poland Sp. z o.o., Wrocław